Dorothea Thomé & Günther Thomé

Ratgeber Rechtschreibprobleme LRS/Legasthenie

Erfahrungsberichte
Perspektiven
Auswege

isb Institut für Sprachliche Bildung – Verlag

Bibliografische Informationen der Deutschen Bibliothek
Die Deutsche Bibliothek verzeichnet diese Publikation in der Deutschen Nationalbibliografie;
detaillierte Daten sind im Internet über
http://dnb.ddb.de abrufbar.

Auf verschiedenen Seiten dieses Buches befinden sich Verweise (Links) auf Internetseiten. Haftungshinweis: Trotz sorgfältiger inhaltlicher Kontrolle wird die Haftung für die Inhalte der externen Seiten ausgeschlossen. Für den Inhalt dieser externen Seiten ist ausschließlich deren Betreiber verantwortlich.

Die Einschätzungen und Bewertungen, die sich in den Texten der betroffenen Eltern und Schüler finden, stellen nicht unbedingt die Meinung der Buchautoren dar. Die im Buch veröffentlichten Ratschläge wurden mit größter Sorgfalt erarbeitet und geprüft. Eine Garantie kann jedoch nicht übernommen werden. Ebenso ist eine Haftung der Verfasser bzw. des Verlages für Personen-, Sach- oder Vermögensschäden ausgeschlossen.

Verlag
Werbachstr. 16, 26121 Oldenburg
Druck und Bindung: Prull Druck
Umschlagbild: Roman Horn/Schweiz
Printed in Germany
ISBN 978-3-942122-01-6
www.isb-oldenburg.de

Für alle
ehemaligen
und
künftigen
"orthografischen Arbeiter"
und
ihre Eltern

L., K., A., K., A., M., L., M., S., G., K., A., M.,
J., J., N., F., F., T., L., F., F., F., F., R., M., T.,
C., B., D., P., I., L., H., M., F., Th., L., T., M.,
A., L., M., B., L.,N., S., A., J., S., J., G.,
Ph., M., M., M., J., J., H., L., M.,
Chr., Chr., A., J., F., A., R., A.,
M., L., A., J., N., J., J., B., J.,
P., L., T., Ch., J., Chr., L.,
P., F., L., K., P., S.,
T., J., C.

Danke, dass wir von und mit euch lernen durften!

Inhaltsverzeichnis

5 Rat und Tat 68

Anhang mit Kopiervorlagen 118

Vorwort und Danksagung

Vieles wurde schon über LRS und/oder Legasthenie geschrieben und viel Lesenswertes war dabei. Wir wollen dem etwas Neues hinzufügen und in diesem Buch nicht nur informieren und beraten, sondern auch die betroffenen **Kinder und ihre Eltern zu Wort kommen lassen**. Dafür haben wir über acht Jahre hinweg Schüler- und Elterntexte gesammelt, die wir nun vorstellen wollen. Durch die authentischen Berichte der Betroffenen lassen sich die enormen Belastungen, die sich in allen Bereichen des Lebens äußern, am deutlichsten darstellen.

In den Selbstberichten wurden von uns alle Namen von Personen, Einrichtungen oder Therapien geändert. Außerdem haben wir die Texte orthografisch und stilistisch leicht geglättet. Eigentlich wollten wir die Berichte der Kinder und Jugendlichen mit allen Rechtschreibfehlern präsentieren, aber dann haben uns Freunde, die probelesen durften (mussten), darauf hingewiesen, dass man ohne längere Übung diese nur schwer lesen kann.
Neben den Selbstberichten wollen wir **Hinweise und Hilfestellungen aus fachlicher Sicht** geben und aufzeigen, was Sie zum Wohle Ihres Kindes/Ihrer Kinder unbedingt vermeiden sollten.

Nun zu uns. Wir sind u. a. ein Forscherteam und beschäftigen uns schon lange mit dem Schriftspracherwerb, einmal aus sprachwissenschaftlich-sprachdidaktischer und einmal aus pädagogisch-psychologischer Perspektive.
In den vergangenen acht Jahren haben wir in unserem privaten Forschungsinstitut Rechtschreibtherapien durchgeführt und evaluiert. Wir wollten wissen, ob und wie schnell es möglich ist, Schülern mit ernsten Rechtschreibproblemen nachhaltig zu helfen. Jede einzelne Therapiesitzung wurde von uns intensiv und individuell vor-, nachbereitet und durchgeführt. Das Ergebnis dieser Arbeit lautet: **Es ist möglich**, dass alle Regelschüler auf ein mittleres Rechtschreibniveau kommen können. Durchschnittlich erreichten unsere Schülerinnen

und Schüler in 25 Sitzungen eine mittlere Rechtschreibleistung in der Schule. Bitte verstehen Sie diese kurze Förderdauer nicht als Richtwert, den Sie an andere Therapien anlegen können, da zusätzlich zu den 25 Präsenzsitzungen weitere 30-50 Vor- und Nachbereitungsstunden (ohne die Schüler) stattgefunden haben.
Wir möchten keine Werbung machen. Unser Institut ist keine Therapie-Einrichtung, sondern ein privatfinanziertes Forschungsinstitut (über die Beiträge der Eltern und unsere nicht berechneten Leistungen). Wir haben aus wissenschaftlichen Gründen Rechtschreibtherapien durchgeführt. Es war eine spannende, lehrreiche und arbeitsintensive Zeit. Vorsorglich weisen wir darauf hin, dass wir (bis auf Einzelfälle) keine weiteren Therapien übernehmen. Um einige unserer Erfahrungen weiterzugeben, haben wir dieses Buch geschrieben.

Wir **bedanken uns** ganz herzlich bei unseren Schülern, dass wir mit ihnen lernen und lachen durften und auch dafür, dass sie uns an ihren Sorgen und Freuden teilnehmen ließen. Bedanken wollen wir uns auch bei den Eltern für ihr Vertrauen und ihre Erfahrungen. Ohne diese Mitarbeit hätte der Ratgeber nicht erscheinen können.

Weiterhin danken wir „Werder Bremen“ und den (z. T. ehemaligen) Spielern: Ph. Bargfrede, F. Baumann, Diego, T. Frings, C. Fritz, M. Kruse, N. Pellatz, W. Rolff, A. Tziolis und J. Vranjes für ihre Autogramme, über die sich unsere Lerner sehr gefreut haben.

Danke sagen wir dem Projekt „Oldenburg - Stadt der Wissenschaft 2009“, in dessen Rahmen unser "Institut für sprachliche Bildung – Oldenburg", die neuesten Ergebnisse vorstellen konnte.

Wichtige inhaltliche und formale Unterstützung erfuhren wir durch unsere Freundinnen, die Lehrerinnen Maria Fleiter, Ursula Leichtweiß und Gundi Peinke.

Zuletzt möchten wir uns bei unseren drei Kindern für ihre Geduld und ihr Verständnis bedanken, da wir "manchmal" wenig Zeit für sie hatten.

Dorothea und Günther Thomé
Oldenburg, im Dezember 2009

1 Ganz kurz: Worum geht es?

Wie hängen Lesen und Rechtschreiben zusammen?

Für die meisten Menschen dürfte es eine Neuigkeit sein, dass Probleme im Lesen und Rechtschreiben nicht gemeinsam auftreten müssen. In Studien zum Schriftspracherwerb und in neueren Schulleistungs-Untersuchungen konnte man sehen, dass die Leistungen im Lesen und Rechtschreiben kaum oder praktisch nicht zusammenhängen. Kinder und Jugendliche können gravierende orthografische Probleme trotz normaler Leseleistungen zeigen und umgekehrt (Moll, Landerl & Kain 2008; Hasselhorn, Marx & Schneider 2008; Beck, Thomé & Thomé 2009).

Nach dem **ICD-10**, dem "Internationalen Klassifikationsschema für psychische Erkrankungen" der Weltgesundheitsorganisation, werden drei Störungen unterschieden:
- die Lese-Rechtschreibstörung,
- die isolierte Lesestörung und
- die isolierte Rechtschreibstörung.

Vielleicht haben Sie auch bei Ihrem Kind festgestellt, dass es "nur" oder "fast nur" Rechtschreibschwierigkeiten hat. Dann sind Sie hier genau richtig. In diesem Buch geht es vorrangig um Rechtschreib-, ja, wie sollen wir es nennen? Probleme, Störungen, Schwierigkeiten, Schwäche? Mehr dazu gleich.

Zu den Begriffen Legasthenie, LRS usw.

Hierzulande werden Probleme mit dem Lesen und Rechtschreiben mit verschiedenen Begriffen bezeichnet (s. a. Scheerer-Neumann 2000; Schulte-Körne 2004; Dehn 2007):

> Legasthenie, Lese-Rechtschreibstörung, Lese-Rechtschreib-Schwierigkeiten, Lese-Rechtschreibschwäche, isolierte Rechtschreibschwäche in Verbindung mit einer Lesestörung oder umgekehrt oder besondere Schwierigkeiten beim Erlernen des Lesens und Rechtschreibens

und so weiter ... bis uns der Kopf raucht.

Der Begriff *Legasthenie* wurde Anfang des 20. Jahrhunderts von Paul Ranschburg eingeführt. Im englischsprachigen ICD-10 (s. o.) wird hierfür *Dyslexia* verwendet. Es gibt zwei Gründe für eine Diagnose von Lese- oder Rechtschreibproblemen:

1. Man möchte einen rechtlich zugesicherten Nachteilsausgleich in der Schule (zurzeit nur in Bayern) oder eine finanzielle Unterstützung für eine außerschulische Therapie beantragen. In diesen Fällen sind - je nach Bundesland - in einem ärztlichen Gutachten diverse Diagnosen, die durch einen ganz bestimmten Begriff gekennzeichnet sind, erforderlich.

2. Wenn z. B. festgestellt wurde, dass die Probleme im Rechtschreiben liegen, muss zu Beginn einer Förderung oder Therapie zunächst das Problem eingegrenzt werden, um passende Maßnahmen planen zu können. In diesem Fall ist es relativ egal, ob wir von Rechtschreibstörung, Rechtschreibschwäche oder Ähnlichem sprechen. Sicherlich gibt es Subtypen von Rechtschreibstörungen, die etwa stärker im phonologischen, im Phonem-Graphem-Bereich oder auf der Satzebene liegen. Aber hierfür haben wir noch keine entwickelte Begrifflichkeit.

Entscheidend ist, dass an den konkreten Problemen des Kindes sinnvoll gearbeitet wird.

War die Rechtschreibung früher besser?

Sie kennen mindestens ein Kind, das mit der deutschen Orthografie zu kämpfen hat, sonst würden Sie wahrscheinlich jetzt nicht dieses Buch lesen. Das Erlernen der korrekten Rechtschreibung ist schwierig, jedoch verläuft der Erwerbsprozess bei der Mehrzahl der Lerner relativ unauffällig. Neben diesen Schülern befinden sich **in jeder Klasse** solche, die **ernste Probleme** haben. Sie produzieren Fehler in einer Menge, die in der Schule und nach der Schulzeit nicht akzeptiert wird.

Man kann nach der IGLU-E (Internationale Grundschul-Lese-Untersuchung-Ergänzungs)-Studie davon ausgehen, dass in allen vierten Klassen durchschnittlich drei Kinder ernste Rechtschreibschwierigkeiten haben (Löffler, Meyer-Schepers & Lischeid 2007, S. 275, s. a. Valtin u a. 2003).

Dieser Fehleranteil sollte eigentlich in Laufe der Schulzeit sinken, das ist aber offenbar nicht der Fall, wie die repräsentative DESI (Deutsch Englisch Schülerleistungen International)-Studie für neunte Klassen belegt (Thomé & Eichler 2008). Im Untersuchungsteil Rechtschreiben wurden über 9.000 Schüler aller Regelschularten aus allen Bundesländern mit einem kurzen Diktat getestet. In den 68 Wörtern produzierten die Schüler durchschnittlich 15 Fehler (mit Zeichensetzungsfehlern)!

Der Vergleich zwischen heutigen und früheren Leistungen ergibt kein gutes Bild (Schneider 2008, 149 ff.). Ein wichtiges Ergebnis der Münchner LOGIK-Studie von Schneider & Stefanek (2007) ist, dass man von einem deutlichen Rückgang der Rechtschreibleistung innerhalb der letzten 40 Jahre ausgehen muss.

Zusammenfassend kann man sagen: Wenn man etwa dreißig bis vierzig Jahre alte Maßstäbe an die heutigen Rechtschreibleistungen anlegen würde, könnte man **gut die Hälfte unserer Schüler als rechtschreibschwach** bezeichnen!

LRS bei Jungen und Mädchen

Wussten Sie, dass wesentlich mehr Jungen als Mädchen Probleme mit der Rechtschreibung haben? Jungen sind im Vergleich zu Mädchen etwa im Verhältnis drei zu eins von Rechtschreibproblemen betroffen, beim Lesen etwa im Verhältnis fünf zu vier (Beck, Thomé & Thomé 2009, S. 44). Die Mädchen haben in der Regel schon „in der Vorschulzeit bessere schriftsprachliche Kenntnisse und zeigen im Verlauf der Gundschulzeit eine zügigere Entwicklung orthographischer Strategien" (Valtin u.a. 2003, S. 253).

Zusammenfassend kann man sagen, dass Mädchen im Fach Deutsch in den Bereichen Lesen, Rechtschreiben und Textverfassen besser abschneiden als gleichaltrige Jungen (Valtin, Wagner & Schwippert 2005, S. 189).

Passen Fehler zum Lernen?

Alles, was man schon kann, scheint einfach zu sein. Wenn man keine Probleme mit dem Gehen, Sprechen oder Schreiben hat, kann man sich kaum vorstellen, wie schwer es war, diese Fähigkeiten zu erlernen. Normalerweise verschwenden wir kaum einen Gedanken daran. Wir, die wir lesen und schreiben können, haben während des Erwerbsprozesses auch viele Fehler gemacht. Aber wir haben sie, vor allem die konkrete Form der Fehler, vielleicht bis auf zwei oder drei Ausnahmen, vergessen.

Normalerweise wird der Begriff **Fehler** in einem negativen Sinne gebraucht: *Fehler sollen nicht vorkommen. Fehler sind Ausdruck eines Nicht-richtig-Funktionierens.* Aus der Perspektive der Lernforschung beurteilt man Fehler aber ganz anders. Der Pädagoge Hans Brügelmann bezeichnet Rechtschreibfehler als „Fenster in die Denkwelt des Kindes". Das ist ein schönes Bild, denn wenn man sich die Mühe macht, Rechtschreibfehler zu analysieren, kann man feststellen, dass sie tatsächlich viele Informationen über den gegenwärtigen Lernstand eines Kindes enthalten.

Wir müssen uns klarmachen, dass **Fehler an sich** beim Lesen- und Rechtschreiblernen zunächst einmal **keine negativen Zeichen**, sondern ganz normale Erscheinungen eines Lernprozesses sind. Allerdings gibt es Kinder, die **deutlich mehr Fehler** machen als ihre Mitschüler. Auch mit dem besten Willen und der größten Anstrengung gelingt es ihnen nicht, einigermaßen fehlerfrei zu schreiben. Ein Junge aus einer achten Klasse berichtet:

Ich habe immer versucht, die Regeln, die wir gelernt haben, anzuwenden, aber es hat nie, nie, nie geklappt. Wir haben gelernt, dass nach der, die, das *oder* ein, eine *das nächste Wort groß ist. Was ist aber mit* ein bisschen *oder* der alte Mann? *Genauso schwer ist es mit Verdoppelungen. Wieso ist* allso *falsch? Oder* er kamm? *Das kommt doch von* kommen? *Manchmal glaube ich, je mehr ich versuche, es richtig zu machen, desto mehr Fehler mache ich.* (Junge, achte Klasse, Realschule)

Viele Rechtschreibfehler, die aus dem ernsthaften Bemühen, alles richtig machen zu wollen, entstehen, findet man in allen Texten immer wieder. Die im Folgenden verwendeten *Sternchen zeigen immer eine Fehlschreibung an.

*dan	für	_dann,_
*alz	für	_als,_
*tuhen	für	_tun,_
*negste	für	_nächste,_
*wider	für	_wieder,_
*das	für	_dass,_
*hatt	für	_hat,_
*wahr	für	_war_
*nich	für	_nicht_

Daneben gibt es aber auch Schreibungen, die man vorher noch nie gesehen hat, die, wenn man sie entziffern kann, einfach erstaunlich und spannend sind. Diese Fehler sind interessante Fundstücke, die aus der Verschriftung selten gebrauchter Wörter oder wegen spezieller Schreibhypothesen entstanden sind.

*embeschen	_ein bisschen_
*hintermderich	_hinterm Deich_
*imkraneausewesen	_im Krankenhaus gewesen_
*Blusbruder	_Blutsbruder_
*hüllich	_höllisch_
*Backjen	_Päckchen_
*zfischen	_zwischen_
*Morzat	_Mozart_
*Amerikanchevermar	_amerikanische Firma_
die *Fliegen den Fische	_die fliegenden Fische_
*Endzeckten	_Insekten_
*fahrbiege	_farbige_
*Zuhkumpft	_Zukunft_

Das Stichwort heißt hier **qualitative Fehleranalyse**. Wir haben mit der „Oldenburger Fehleranalyse“ (OLFA) für die Klassen drei bis neun (Thomé & Thomé 2004) sowie eins und zwei (Thomé & Thomé 2009) zwei förderdiagnostische Instrumente entwickelt, mit deren Hilfe die orthografischen Vorstellungen und

Kenntnisse von Schülern rekonstruiert oder modelliert werden können. Mit der OLFA kann man:

- den Fehlerindex (Fehlerzahl auf 100 Wörter),
- die Fehlerschwerpunkte,
- die Rechtschreibkompetenz und -leistung

individuell ermitteln. Eltern würden wir aber nicht empfehlen, ohne fachspezifische Ausbildung auf der Grundlage von OLFA qualitative Fehleranalysen durchzuführen.

Folgendes Beispiel soll einen kleinen Einblick in die Fehleranalyse geben. Wenn z. B. Carlo in der zweiten Klasse Wörter wie *verkaufen, verlaufen* usw. als **ferkaufen, *ferlaufen* schreibt, weil er noch kein *v* kennt, dann sind diese Schreibungen für seine Entwicklungsstufe vollkommen in Ordnung. Denn er hat den Anfangslaut, nämlich /f/, zum einen richtig erkannt und zum anderen mit dem üblichen Schriftzeichen dafür, nämlich <f>, geschrieben.

Im Verlauf des Unterrichts wird Carlo lernen, dass man Wörter mit dem Präfix *ver-* immer mit *v* schreibt. Dann wird er bald *verkaufen, verlaufen* usw. richtig schreiben, aber für kurze Zeit das Wort *fertig* oder ähnliche Wörter ebenfalls mit <v>. Er wird also **vertig* zu Papier bringen, obwohl er *fertig* vorher richtig geschrieben hatte!

Wir nennen solche Fehler **Übergeneralisierungen**. Sie sind in dieser Lernphase normal und positive Anzeichen für eine weitere Lernentwicklung. Carlo hat bisher offensichtlich gelernt, dass eine Silbe oder eine Lautfolge, die wie */fer/* klingt, als *ver-* geschrieben wird. Jetzt muss er nur noch lernen, dass es nicht auf die Silbe ankommt, sondern auf das Morphem (den Wortbaustein). Wenn man von *verlaufen* das *ver-* wegnimmt, bleibt *laufen* übrig, bei *verkaufen kaufen,* aber **vertig* ohne *ver-* ist nur noch ein **-tig,* und das ergibt keinen Sinn mehr (zugegebenermaßen geben *verlieren* und *vergessen* ohne *ver-* auch keinen Sinn mehr, aber die Sprache ist eben nicht zu 100 Prozent systematisch).

Als Vorbereitung für eine Rechtschreibförderung/LRS-Therapie ist es unerlässlich, als Teil einer umfassenden **Eingangsdiagnose** die Zusammensetzung der Fehler genau zu bestimmen. Aber wenn prinzipiell noch unklar ist, **ob** ein Schüler **überhaupt** ernsthafte Probleme im Rechtschreiben hat, genügt für eine erste Einschätzung der Blick auf die Fehlerzahl. Als ein vergleichbares Maß eignet sich der **Fehlerindex** (F/100 W), d. h. die Fehlerzahl (F) gerechnet auf 100 Wörter (100 W). Genauere Informationen zur Berechnung finden Sie weiter unten (ab Seite 95).

Wenn ein Schüler etwa dreimal so viele Fehler wie seine Mitschüler produziert, dann sollte man schon alleine wegen der **erhöhten Fehlerzahl** der Sache weiter auf den Grund gehen und nicht darauf vertrauen, dass sich das Problem von selbst „auswächst".

Früher nahm man an, dass Spiegelungen von Buchstaben, wie **din* für *bin,* oder die Vertauschung der Positionen im Wort, wie **Baltt* für *Blatt,* schon für sich alleine ein deutliches Anzeichen für eine Legasthenie seien. Die Forschungen der letzten Jahrzehnte und vor allen exakte Fehleranalysen haben gezeigt, dass die genannten Fehlertypen selten bis sehr selten vorkommen. Daher schenkt man diesen **„Legasthenikerfehlern"** heute keine besondere Beachtung mehr.

Welche Fehler sind besorgniserregend? Es gibt eigentlich gar keinen Fehlertyp, der für sich alleine genommen ein Anzeichen für eine ungünstig verlaufende Rechtschreibentwicklung wäre. Immer kommt es darauf an, in welchem Alter, wie viele Fehler einer bestimmten Art und in welcher Kombination sie auftreten. Deswegen fällt **jede Diagnose von Rechtschreibproblemen individuell anders** aus; kein Fall ist wie der andere.

Aus der Erforschung der Entwicklungsstufen im Schriftspracherwerb wissen wir, dass es für Kinder von fünf bis sieben Jahren noch ganz normal ist, wenn sie nicht alle Laute von Wörtern verschriften. So sind für einen sechsjährigen Schüler Schreibungen wie:

FINA	für *Finger*
WASA	für *Wasser*
HNT	für *Hand* oder *Hund*

kein Zeichen einer Entwicklungsstörung. Dieselben Schreibungen von einem zwölfjährigen Schüler wären dagegen **eindeutige Warnsignale**.

Fehler ist also nicht gleich Fehler. Bestimmte Fehler sind in bestimmten Entwicklungsphasen absolut normal und sogar notwendig. Auf der anderen Seite gibt es Fehlerkombinationen, die nicht sein müssen bzw. in höheren Entwicklungsphasen nicht mehr auftreten sollten.

Ermöglichen Sie Erfolgserlebnisse! Kleine sind besser als keine!
Vermitteln Sie die Hoffnung, dass die Lese- und Rechtschreibschwierigkeiten ganz oder zum Teil überwindbar sind!
Verstärken Sie schulische Frustrationen nicht noch zu Hause!
Erkennen Sie kleine und große Fortschritte Ihres Kindes an!
Ein Lob von Ihnen, Ihre Freude, gemeinsame Unternehmungen, kleine bis größere Geschenke (und weniger Computerspielen und Fernsehen) hat Ihr Kind verdient, auch wenn es Fehler macht!

2 Die Dimensionen von Lese-Rechtschreibproblemen

Ernste Probleme im Lesen oder Rechtschreiben wirken sich nicht nur auf ein paar schriftliche oder mündliche Schulnoten aus, oftmals haben sie schwerwiegende Auswirkungen und Folgen. Sie können das ganze Familienleben extrem beeinträchtigen und sogar die Lebensfreude des betroffenen Kindes in erschreckendem Maße schmälern.

Die Gefahr, dass sich ohne liebevolle und fachgerechte Hilfe, schwere psychische und soziale Störungen entwickeln, darf nicht unterschätzt werden. Die hier zusammengestellten Schilderungen von Schülern und Eltern stehen sicherlich für viele Schicksale in unserem Land.

Wir mussten alle durchs Haus schleichen

Schon im ersten Schuljahr fiel mir auf, wie schwer er sich damit tat, lesen zu lernen. Kleinere Lesetexte konnte er sofort auswendig runterrattern, wenn ich ihn jedoch auf einzelne Wörter im Text hinwies, konnte er diese nur sehr mühsam erlesen. Das Verschleifen der Silben zu Wörtern bereitete ihm sehr große Schwierigkeiten. Als die Texte dann umfangreicher wurden, hat er wild drauflos geraten und ständig d, b und p verwechselt. Auch Ende des zweiten Schuljahres hat er noch ganz stockend gelesen. Das Verwechseln der Buchstaben - selbst in Schreibschrift - oder das Auslassen von Endungen setzte sich auch

noch beim Schreiben fort. Hausaufgaben im Fach Deutsch bestanden oft darin, stumpf Texte abzuschreiben. Das gelang ihm nicht. Häufig musste er den Text noch einmal schreiben, sodass er einfach viel Zeit benötigte. Das wiederum führte zu Konflikten.
Bei kleineren Diktaten allerdings hatte er oft null Fehler. Da kam ihm das gute Auswendig-Lernen-Können noch zugute - später nicht mehr. Ich war dennoch beunruhigt. In Gesprächen mit seiner Lehrerin war sie stets beschwichtigend. Nach dem Motto "Das legt sich schon noch. Jedes Kind hat sein Tempo und vor allem: Sie müssen mehr Geduld haben."

Unsere häusliche Situation hatte sich allerdings so verschärft, dass mir die Geduld zugegebenermaßen immer mehr abhanden kam. Mittags zur Hausaufgabenzeit musste absolute Ruhe herrschen. Seine damals 2-jährige Schwester und ich konnten nur noch durch das Haus schleichen. Er wurde behandelt wie ein rohes Ei. Bei der kleinsten Nichtigkeit oder wenn ihm etwas nicht gelang, war er frustriert oder hielt sich für dumm. Oft endete das im Anschreien meinerseits und Heulen seinerseits. Hinzu kam, dass ich ihn ständig zum Lesen nötigte, weil ich dachte: "Viel hilft viel". Das war für ihn eine Qual. Bis heute liest er freiwillig kein einziges Wort. Das ist zwar schade, es hat gedauert bis ich mich damit abfinden konnte, aber es gibt ja zum Glück Hörbücher.
Als er dann nach einem Hausaufgabenstreit verzweifelt sagte: "Mein Leben ist so schrecklich, ich will gar nicht mehr leben", beschlossen wir, etwas zu unternehmen, denn das Glück unseres Kindes war uns natürlich wichtig. (Mutter von Enno, siebte Klasse, Gesamtschule)

Prima, Max hat es gelernt

Heute ist Max (alle Namen sind hier und im Folgenden verändert) in der sechsten Klasse eines Gymnasiums. Er ist ein sehr interessierter und intelligenter Junge. Nach der zehnten Sitzung in unserer Rechtschreibtherapie schrieb er schon seine erste "4" im Diktat, nach der 19. Sitzung konnte er genug, um sich selbst weiterhelfen zu können. Als Max noch in der vierten Klasse war, sah das ganz anders aus. Seine Diktate wurden nicht benotet, da er mit diversen Gutachten als Legastheniker „anerkannt" war. Die Eltern schildern rückblickend seine Entwicklung.

Max, 11 Jahre, sechste Klasse eines Gymnasiums

Max war immer ein sehr freundliches, munteres und auch zielstrebiges Kind. Sprechen hat er im Vergleich zu seinen zwei Geschwistern sehr spät gelernt, mit starkem Stottern. Auch sein Wortschatz war relativ klein. Wir haben ihn immer ermutigen müssen, trotzdem zu reden. Das Sprechen war ihm unangenehm, da er sich ziemlich früh schon seiner Schwäche bewusst war. Im Laufe der Grundschulzeit hat sich dieses Problem weitgehend gelegt.

Zur Schule ist er sehr gern gegangen. Die ersten zwei Jahre waren auch gar kein Problem: viel Singen und viel Spielen. Die ersten Diktate waren prima - Max verfügt nämlich über ein gutes fotografisches Gedächtnis, denn die Texte im Lesebuch konnte er, wie wir später festgestellt haben, alle auswendig.
Im dritten Schuljahr wurden die Diktate (mittlerweile ungeübt und länger) sehr schnell sehr schlecht. „Das kommt noch", hieß es aber von der Schulseite, „manche brauchen eben etwas länger."

Mitte des Schuljahres mussten wir dann mit Erschrecken feststellen, dass Max nicht lesen konnte - nicht im Sinne von schlecht, sondern gar nicht. Er hatte unglaubliche Schwierigkeiten Buchstaben zu erkennen (nein, nein - er brauchte keine Brille), ihnen einen Laut zuzuordnen und sie zu einem Wort zusammenzusetzen. Also musste er zu Hause das Lesen lernen. Die Bücher für die zweite und dritte Klasse fand er völlig langweilig. Also haben meine Frau und ich gemeinsam

vor dem Zu-Bett-Gehen die Bücher gelesen, die Max interessierten: über Ritterburgen, Pyramiden, Bienenvölker, Steinzeitmenschen und Indianer, - immer schön abwechselnd, er einen Absatz, dann wir einen Absatz. Ich habe noch nie so viel über die Bauweise mittelalterlicher Burgen gelernt, wie während dieser Zeit. Irgendwann begann er in der „GEO" alleine zu blättern und die ersten kleinen Artikel zu lesen. Prima, Max hatte das Lesen gelernt!
Ja, und schreiben konnte er auch - und wie! Sehr kreativ, eigentlich immer in Lautschrift, in sich logisch, aber leider nicht nach den orthografischen Regeln. Max hat sich häufig über die völlig „blöden" Schreibweisen beschwert - ein innerer Zusammenhang der Rechtschreibung war für ihn nicht erkennbar.
Trotzdem sollte unser Kind auch noch die Grundzüge der Orthografie erlernen und diese im Idealfall sogar anwenden können. Die Frustrationen wurden größer, die Hilflosigkeit unserseits auch. An wen kann man sich wenden, nach welchen Programmen, welcher Methode, zu Hause, ein Computerprogramm oder qualifizierte Nachhilfe? Wer oder was könnte helfen?

Viele Fragen und, was noch schlimmer ist, ganz viele Antworten. Leider meist nicht sonderlich hilfreich. Wir - ehrlicherweise müsste ich sagen: meine Frau - haben uns dann für ein Programm entschieden, wohl wissend, dass gemeinsames Arbeiten von Eltern mit ihren Kindern nicht immer harmonisch abläuft. Aber Max ist ein freundliches Kind. Dieses Programm hatte dafür den großen Vorteil, dass Regeln erstellt, auswendig gelernt und dann angewandt werden. Später sind wir dann auf eine Therapie-Einrichtung aufmerksam geworden, wo Max immer wieder mit Erstaunen festgestellt hat, dass erstens viel gelacht wurde, zweitens immer so viel erklärt wurde, dass seine Gedanken ganz wirr wurden, er aber drittens alles verstanden hätte - für ihn ein Paradoxon.

Max ist heute in der sechsten Klasse eines Gymnasiums. Er geht immer noch gern zur Schule. Seine LRS ist immer noch vorhanden und

wird es auch bleiben. Im Deutschen hat er inzwischen wenig Probleme. Diktate werden nie seine Stärke werden, aber seine Zensuren pendeln sich jetzt zwischen Zwei und Drei ein.
Er redet gerne, scheint das auch im Unterricht zum Unterricht zu tun. Das Bild der Lehrer über die Schüler wird anscheinend eher über die Unterrichtsstunden geprägt. Lästig, aber notwendig ist es, bei jedem Lehrerwechsel wieder den Kontakt zur neuen Lehrkraft herzustellen: „Unser Kind ist Legastheniker, achten Sie doch bitte darauf. Kennen Sie schon den neuen Erlass?"

Mit Englisch als erster Pflichtsprache hatten wir uns auf Probleme eingestellt. Dass das erste Jahr aber so anstrengend würde, hätten wir jedoch nicht erwartet. Vokabeln lernen, Rechtschreibung und Grammatik, alles noch unlogischer als im Deutschen. Max ist jedoch aufgrund seiner Erfahrungen im Deutschen bei weitem nicht so frustriert. Er kennt heute seine Stärken genau und geht die Problematik bewusster und optimistischer an. Als zweite Fremdsprache hat er sich, sicherlich auch unterstützt durch uns, für Latein entschieden. Das Vokabellernen fällt ihm hier auch nicht zu, es fällt ihm jedoch merklich leichter. Insbesondere wird ihm jetzt bewusst, dass die Grammatik dazu dient, eine Sprache zu strukturieren, was ihm im Deutschen und Englischen hoffentlich auch weiterhilft.

Das Thema LRS wird uns auch die nächsten Jahre noch beschäftigen. Zumindest solange bis der Vokabelschatz so groß ist und jedes Wort, dass die Schullaufbahn relativ unbeschadet bewältigt werden kann. Bei dem von allen Seiten zu erbringenden höheren Aufwand (und ich würde hier gerne die Schule miteinbeziehen) halte ich es jedoch für sejr wichtig, festzuhalten, dass Max durch seine LRS nicht nur gehandikapt ist. Er hat sich Arbeitsstrukturen auferlegt, die weit hinaus über sein Alter gehen, zumindest im Vergleich zu seinen nicht-legasthenischen Geschwistern. Zusätzlich hat er verinnerlicht, dass sich ein kontinuierlicher Einsatz auszahlt und daraus schöpft er eine große Sicherheit. (Vater von Max)

Beste Vergleichsarbeit in Mathe, am Gymnasium fehl am Platz?

Arvid ist ebenfalls ein sehr intelligenter Junge, der von Anfang an große Rechtschreibschwierigkeiten hatte. Er besucht eine sechste Klasse eines Gymnasiums im norddeutschen Raum. Seine Mutter, eine alleinerziehende Studierende (über den Zweiten Bildungsweg kommend), hat sich trotz aller Schwierigkeiten und Belastungen immer sehr für eine gute Schulbildung ihrer beiden Söhne eingesetzt. Sie hat einen Bericht über die Entwicklung und die Schulsituation von Arvid geschrieben.

Schullaufbahn

Arvid ging in die Grundschule. Sein bester Freund wohnte direkt gegenüber und besuchte dieselbe Klasse. Seinen Klassenlehrer mochte er gern.

Erste Klasse: *Sein Zeugnis bescheinigte ihm Einschränkungen in Ausdauer und Konzentration. Die erreichten Leistungen gaben auch im Schreiben noch keinen Anlass zur Sorge.*

Zweite Klasse: *1. Halbjahr: Geschwindigkeit und Fertigkeiten im Lesen und Schreiben zeigten Lücken. Er arbeitete ausdauernd, selbstständig und konzentriert an seinen Aufgaben im Unterricht. Ende der zweiten Klasse wurde an sein Wortgedächtnis appelliert und die Form der Schrift angemahnt. Er machte zu viele Fehler in geübten Diktaten. In Mathematik wurde ihm eine meist fehlerfreie und vorteilhafte Rechnung bescheinigt. Er wurde leicht abgelenkt und kam den schulischen Verpflichtungen nicht genügend nach (Hausaufgaben).*

Dritte Klasse: *Er arbeitete im Unterricht bereitwillig und regelmäßig mit, hatte aber Schwierigkeiten, schriftliche Arbeiten übersichtlich und sorgfältig genug anzufertigen. "Er kann gut Zusammenhänge und Regeln erkennen", stand nun in jedem Zeugnis der Grundschule.*

Die schriftlichen Arbeiten wurden wieder sorgfältiger gegen Ende des Schuljahres.

Vierte Klasse

"Besonders die Rechtschreibleistungen entsprechen in keiner Weise den Anforderungen eines vierten Schuljahres", ein deutlicher Satz, der ohne weitere Hilfestellung blieb.

Wie hat Arvid das Lesen gelernt?

Da er es nicht von sich aus lernte, musste er mir in der zweiten Klasse beim Vorlesen (aus Ronja Räubertochter) pro Seite jeweils zwei bis drei Wörter mit zwei Buchstaben vorlesen. Er suchte und fand sie (in, im, zu, an), dann Wörter mit drei Buchstaben (der, die, das) und dann Wochen später einen Satz, z. B. einen Anfangssatz. Das war immer etwas spontan und wurde mit seinem verbesserten Können gekoppelt. Heute lese ich manchmal noch gerne vor und Arvid und ich wechseln uns dann auch mal nach sechs Seiten ab.

2005

Arvid war zehn Jahre und besuchte die vierte Klasse. Es ging um die Frage, auf welche weiterführende Schule er gehen soll. Die Empfehlung für die Realschule war seiner Rechtschreibung und seiner Träumerei geschuldet und damit eigentlich gar nicht wirklich hilfreich. Auf das Anraten einer Freundin hin wurde Arvid in der Erziehungsberatungsstelle bei einer Diplompsychologin vorgestellt, mit der Bitte um eine beratende Hilfestellung hinsichtlich der weiterführenden Schule. In einem ersten Gespräch ging es um unsere Situation, wobei mir die Betonung eines strukturierten Alltags als ausschlaggebend für seine Entwicklung in Erinnerung blieb. Da ich als alleinerziehende Mutter studierte, fühlte ich mich sofort schuldig, obwohl die Großmutter regelmäßig zur Verfügung stand. Arvid wurde an drei Tagen hinsichtlich Intelligenz, Rechtschreibung und Lesefähigkeit getestet. Dem Intelligenztest hatte ich mit den Worten zugestimmt: "Wenn Sie es tun müssen, machen Sie es. Mir ist mein Kind sowieso schon schlau genug." Tatsächlich fand ich die Idee, die Intelligenz eines Kin-

des testen zu lassen, als einen gefährlichen Angriff auf das Ego der Eltern und hatte keinesfalls vor, mich davon beeindrucken zu lassen.
So habe ich dann das Ergebnis (über dem Durchschnitt) nur kurz zur Kenntnis genommen. Die Beratung war mir sehr viel wichtiger. Das Ergebnis "über dem Durchschnitt" wurde von der Psychologin nicht weiter diskutiert. Sie wertete die Testergebnisse als "klug genug fürs Gymnasium", wobei aber betont wurde, sein Arbeitsverhalten müsse den Ansprüchen eben auch entsprechen.

Die Beratung war nach zwei Sitzungen mit mir als Mutter und den drei Testterminen für Arvid beendet und enthielt leider keinerlei Hinweise auf eine vorhandene Legasthenie und die hierfür erforderliche spezielle Legasthenietherapie, das Gutachten spricht von einer Teilleistungsschwäche. Er war gerade dabei, seine ebenfalls als schwach eingestufte Leseleistung in einem rasanten Tempo selbstständig zu verbessern, seit er zu Weihnachten mit den richtigen Büchern anfing, abends im Bett zu lesen (Drei Fragezeichen, Harry Potter, Der kleine Hobbit, Jim Knopf usw.). Nach einem Jahr hatte er über 1.500 Seiten gelesen und die Leseschwäche meiner Meinung nach überwunden.

Gymnasium

Ich suchte ein für unsere Verhältnisse sehr teures, aber glaubwürdiges Nachhilfe-Institut (für seine Rechtschreibung) und meldete ihn auf dem Gymnasium an. Ausschlaggebend war für mich sein offenes Interesse an allem Neuen, der Spaß am Denken und seine positive Reaktion auf die erhöhten Anforderungen meinerseits (seit mir in der dritten Klasse seine Lücken klarer wurden, forderte ich zu Hause mehr ein, und es schien seiner gesamten Person eher zuträglich zu sein). Meiner Meinung nach würde man in der Realschule noch eher auf ordentliche Fleißarbeit pochen und genau das konnte Arvid nicht. Er hatte zum Ende der vierten Klasse die beste Mathe-Vergleichsarbeit der Schule geschrieben und die Rechtschreibung hatten sowohl meine Schwester und auch ich erst mit jahrelanger Verzögerung erlernt.

Fünfte Klasse, Gymnasium

In der fünften Klasse des Gymnasiums schrieb er bei der Klassenlehrerin in Mathematik und Biologie sehr gute bis gute Arbeiten. So dauerte es ein wenig, bis die Englischlehrerin das erste Mal deutlich Alarm schlug und der neben den Sechsen in Deutsch die chaotische Physikmappe ins Auge fiel.

Mittlerweile diktierte die häusliche, stundenlange Aufgabenbetreuung meinen Stundenplan - viel Zeit wurde um Hausaufgaben gestritten, Mappen besorgt, kopiert und abgeschrieben. Wann, was lernen? Hat er gerade gute Laune? Hat er wirklich nichts auf? Ist er wirklich so müde? Kann er jetzt nichts mehr schreiben? Wieso schreit er so rum?

Das Träumen im Unterricht (neben Zappeln und Clownereien) wurde seitens der Lehrer hervorgehoben, ebenso die Langsamkeit beim Schreiben und Buchaufschlagen. Eine Ergotherapie wurde vorgeschlagen. Als es zum Halbjahr hieß, er spräche mit sich selbst, bin ich zum Kinderarzt gegangen.

Bei den nötigen Tests stellte sich dann, neben einer Koordinationsstörung und dem Verdacht auf Legasthenie, eine Hochbegabung heraus. Damit hieß es dann wieder, der Junge sei doch auf dem Gymnasium richtig eingeschult und dürfte für seine weitere Entwicklung möglichst auch nicht sitzenbleiben und die Träumerei sowie die Verweigerung der Hausaufgaben könnten aus der jahrelangen Unterforderung erwachsen sein. Seine Rebellion gegen Routine und sein energisches Wesen seien seinen schnellen Gedanken geschuldet.

Erkenntnis Legasthenie

Mir wurde allmählich bewusst, wie sehr Arvid an Symptomen litt, die mit der Schreibschwierigkeit begründbar sind:

- *Frust wegen bescheinigter Überforderung, Sechser in Diktaten,*
- *Erschöpfung durch das Schreiben,*
- *Gedankenpausen gerade zum Ende der Stunde, wenn die Hausaufgaben aufgegeben werden, weil die Stunde, besonders wenn viel geschrieben wurde, ihn extrem anstrengt,*
- *absolut keine Lust auf schriftliche Hausaufgaben.*

Der erste Aufsatz bei einer neuen Lehrerin war eine Fünf, wobei sie ehrlich entsetzt war über seine Schrift und ihn am Gymnasium für völlig fehl am Platze hielt. Naja, etwas mehr Wissen über Legasthenie oder die Problematik der Motivation bei zu erwartenden Fünfen wären auch bei einer Gymnasiallehrerin wohl zu erwarten gewesen. Sie soll doch den Kindern das Rechtschreiben beibringen, nicht ich oder die Nachhilfe. Aber mein Sohn mag sie und viele Mitschüler, auch wenn sie ihn auslachen, ausbuhen oder als „ein Beispiel für ein Leben ohne Denken“ bezeichnen; sie müssen ja immer auf ihn warten, wenn er drankommt und mal wieder nicht weiß, wo sie gerade sind ...

Gott sei Dank hat er treue Freunde, Spaß an wilden Spielen, ist sehr einfallsreich und für jeden Spaß zu haben und somit in den Pausen akzeptiert. Und noch habe ich Zeit, seine Diskrepanzen zu Hause abzufedern.
Ich glaube nicht, dass man Kinder fortgesetzt und im Rahmen der "Öffentlichkeit Schule“, d. h. immer vor einer größerene Gruppe, auf die Schnauze fallen lassen kann und sie dann nicht auf dumme Gedanken kommen (und ihre Aggressionen und ihren Frust an anderen Dingen oder Personen ablassen).

Hausaufgaben
Hausaufgaben waren vom ersten Tag an unbeliebt. Sie sollten eine Schultüte ausmalen, und es war sicher schon 19 Uhr bis dieses klar wurde. Er malte dann mit einer "Begeisterung" als müsse er noch einen ungerechten Abwasch erledigen.
Ein tägliches Bemühen seitens der Oma oder mir hinsichtlich der Hausaufgaben und des Taschepackens setzte ab der dritten Klasse ein, da es bei uns üblich war, jedem Kind sehr gute Möglichkeiten zur schriftlichen Arbeit zu bieten (genügend Schlaf, Frühstück, Pausenbrot, Getränk, Schreibtisch, Utensilien, Anerkennung, Hilfestellungen von kurz bis "alle-Hebel-in-Bewegung-setzen"), aber eine von den Eltern ausgehende, zeitaufwändige, tägliche Kontrolle gegen den Willen des Kindes war bei uns nicht üblich.

Es dauerte also eine Zeit bis wir das Hausaufgabenproblem wahrgenommen hatten. Arvid wusste oft nichts von Hausaufgaben und wenn, vergaß er sie gerne mit dem Ablegen des Schulranzens oder im verschärften Falle erfand er Geschichten, warum er nichts aufhätte. So waren "Feuerwehr-Einsätze" manchmal nötig. Es kam vor, dass Arvid bis zum nächsten Tag 50-150 Matheaufgaben nachholen musste, was ihn im Grunde zwar als Arbeitspensum belastete, aber er war in ca. einer Stunde - mit mir an seiner Seite (rein physisch) - erstaunlich schnell und fehlerlos fertig (auch noch um 21 Uhr abends). Die Hausaufgaben (erste Klasse) 30-mal das A, 40-mal B, 40-mal die 1, 45-mal 3 schreiben üben, waren so arg, dass es vorkam, dass er anfing, dann aber streikte und wenn ich darauf bestand, dass er es zu Ende führte, dann saß er verzweifelt weinend unter dem Tisch. Ich dachte mir dann Verlockungen aus, um zu sehen, ob er überfordert wäre. (Bericht von Arvids Mutter)

Nach diesem Bericht kommt Arvid selbst zu Wort, indem er seine schulischen Erfahrungen mit der Rechtschreibung mit dem bezeichnenden Ausdruck "**schlechtes Gefühl**" auf den Punkt bringt.

Seit ich das erste Mal Noten bekommen habe, mochte ich die Rechtschreibung nicht. Es war immer ein schlechtes Gefühl, wenn ich eine Arbeit zurückbekam. Während der Arbeit hatte ich auch ein schlechtes Gefühl, weil ich an die Note dachte.

Je mehr Klassen ich stieg, desto schlechtere Noten hatte ich. Während der Diktate verbesserte ich nichts. Ich war immer so aufgeregt, auch heute bin ich das noch. Es ist schwer über die Rechtschreibung nachzudenken, darum schreibe ich die Wörter im Diktat einfach so hin. (Arvid, sechste Klasse, Gymnasium, jetzt Realschule)

Erst Hauptschulempfehlung, dann Abitur?

Bericht von Bens Mutter

Ben ist ein unauffälliger Schüler gewesen, von der ersten bis zur vierten Klasse. Mir fiel zwar der erlernte Pinzettengriff auf, wenn er den Bleistift hielt oder den Füllhalter, aber die Lehrerin störte es nicht und deshalb habe ich ihn auch so schreiben lassen. Diktate haben wir zusammen so intensiv eingeübt, dass man wohl gar keine großen Fehler machen konnte und mir die Rechtschreibschwäche erst überhaupt nicht auffiel. Lesen konnte Ben immer gut.

Als Ben in die Orientierungsstufe kam (in Niedersachsen gab es bis vor einigen Jahren für alle Schüler der fünften und sechsten Klassen eine Orientierungsstufe, Anmerkung der Verfasser) *und die ersten ungeübten Diktate geschrieben wurden, kam er mit einer riesigen Fehlerzahl nach Hause. Es waren in einem Diktat mindestens 70 Fehler. Wie viele Wörter das Diktat hatte, kann ich nicht mehr genau sagen. (Was ist so üblich in der fünften Klasse?) Ben, die Lehrerin und ich waren geschockt über das Ergebnis. Wir wussten überhaupt nicht, wo wir ansetzen sollten. Vor allem ich nicht. So viel üben geht ja gar nicht. Und wo sollten wir anfangen?*

Das Schreibproblem entwickelte sich nun fächerübergreifend. Seine Mappen in den Nebenfächern waren fehlerhaft. Tja, für das Selbstwertgefühl war das nicht gerade schön.In der Orientierungsstufe wurde ja auch entschieden, in welche weiterführende Schule es danach gehen sollte. Ben kam in die schlechteren C-Kurse.

Nach einem Gutachten über Bens Rechtschreibleistungen entschloss ich mich für eine Therapie. Ben wurde ein Jahr lang intensiv einmal die Woche gefördert. In dieser Zeit habe ich kein Diktat mit ihm geübt und hatte festes Vertrauen, dass die gesamte Rechtschreibung in mündlicher Form erklärt und begründet wird. Nebenbei schrieb Ben als Hausaufgabe ein Tagebuch, was er in einer Woche so gemacht hat.

Ich erkannte meinen Sohn gar nicht wieder. Die Betreuung und das Erklären halfen Ben, eine unglaubliche Sicherheit in der Schriftsprache und in der mündlichen Ausdrucksweise zu erlangen. Sein Selbstbewusstsein wurde immer stärker. Die Therapiestunde war keine Schulstunde, sondern ein interessantes Lerngespräch, da viel Hintergrundwissen über die inneren Rechtschreibregeln vermittelt wurde, was Ben unmittelbar verstehen konnte. Er merkte, dass er mit seinen subjektiven Rechtschreibstrategien ernst genommen wurde. Das war ein sehr schönes Gefühl für ihn. Am Ende des Therapiejahres schrieb Ben vier Fehler auf 100 Wörter!

Nach Abschluss der erfolgreichen Therapie wechselte er auf die Realschule. Seine Noten wurden in den gesamten Folgejahren stetig besser, sodass er die Schule in diesem Sommer mit dem erweiterten Sekundarschulabschluss I verlassen konnte. Ben hat ferner über den Sport ein starkes Selbstbewusstsein erlangen können, was sich zusätzlich positiv auf seine schulischen Leistungen auswirkt. Nach den Sommerferien besucht er die zwölfte Klasse eines Gymnasiums. Sein Ziel ist jetzt das Abitur! (Bericht von Bens Mutter)

Meine Fingerchen klebten vor Angst am Papier fest

Die Überschrift ist aus dem Erfahrungsbericht einer 23-Jährigen, nennen wir sie Mira, entnommen. Mira ist eine Studierende im technischen Bereich, die lange Jahre mit großen Rechtschreibschwierigkeiten zu kämpfen hatte. Sie hat diese zwar noch nicht vollständig, aber doch fast überwunden und berichtet nun über ihre vielen Therapien.

und

Wie alles anfing mit den Problemen in der Rechtschreibung

Das Rechtschreiben war nicht das erste Problem, an das ich mich erinnere. Seit dem zweiten Jahr im Kindergarten war ich in einer Sprachtherapie, weil meinen Eltern, vor allem aber meiner Mutter, aufgefallen war, dass ich viele Wörter nicht richtig oder gar nicht aussprechen konnte. In dieser Therapie, soweit ich mich noch daran erinnern kann, habe ich überwiegend zwei Laute/Buchstaben geübt: das R/r und das St/st. Meine Sprache hat sich dadurch - oder über die Zeit hinweg - ganz normal entwickelt.

In der ersten Klasse kam dann neben der Sprache als neue Herausforderung Lesen und Schreiben dazu. Ich weiß nicht, ob es meinen Eltern und Lehrern vor mir aufgefallen war, dass ich ungewöhnlich viele Fehler machte. Vorlesen fiel mir sehr schwer, was aber erst richtig deutlich wurde, als wir ungeübte Texte gelesen haben. Davor habe ich alle Texte zu Hause mit meiner Mutter geübt und anscheinend auswendig gelernt.

Mir selber ist sehr früh aufgefallen, dass ich etwas anders bin als meine Mitschüler/innen und Freunde. Was aber auch daran liegen mag, dass meine Mutter sehr viele unterschiedliche Versuche gemacht hat, herauszufinden, was mir fehlt oder was der Grund und die Lösung für mein Lese- und Schreibproblem ist und war.

Meine Texte und Wörter hatten kaum begonnen und sofort standen schon einige Buchstaben vom Ende viel weiter vorne, also sozusagen Kuddelmuddelwörter, teils lautgetreu, weitgehend unleserlich.

Wie haben andere reagiert?

Meine Eltern haben unterschiedlich reagiert. Mein Vater sah darin kein großes Problem. Meine Mutter war jedoch sehr daran interessiert, herauszufinden, was ich "habe". Ihre Entscheidung fiel nach vielen verschiedenen Arztbesuchen und viel Recherche. Es wurde festge-

stellt, dass ich ein Legastheniker bin. Daraufhin wurde ich gegen den anfänglichen Willen meines Klassenlehrers, der meinte, dass sich dieses Problem verwachsen würde, zurückgestuft. Meine Mutter hat damit, wie ich finde, eine der wichtigsten Entscheidungen für mein Leben getroffen. Ich wurde zurück in die erste Klasse gestuft. Diese Entscheidung, dass ich von vorneherein noch einmal mit voller Unterstützung das Lesen und Schreiben lernen sollte (konnte), ist die beste Entscheidung gewesen, die meine Mutter für mich getroffen hat.
Es war nicht einfach, weil die Schulleitung und meine Lehrer keine Ahnung von Lese-Rechtschreibschwäche hatten. Hinzu kam, dass ich in Mathe und Kunst viel weiter war als viele meiner Mitschüler. Meine Freunde aus der alten ersten Klasse habe ich nur teilweise behalten. Ich war eben doch "anders", und das ist manchmal nicht so einfach.

Situationen, an die ich mich noch gut erinnere: das Vorlesen
Erstaunlich ist für mich, dass ich anfangs immer die Texte, die wir üben sollten, größtenteils auswendig gelernt habe, was dazu geführt hat, dass mein Leseproblem erst beim freien Textvorlesen richtig aufgefallen ist. Für mich stellt sich heute auch eher die Frage, woher soll ein Kind denn wissen, was Vorlesen bedeutet? Richtig zeigen kann man es ja nicht.

Meine schlimmsten Erlebnisse beim Vorlesen waren im Religionsunterricht in der fünften bis siebten Klasse. Unser Lehrer wollte immer, dass jeder Schüler vorliest. Wir hatten kleine, grüne Bibeln mit sehr dünnem Papier. Meine einzige Möglichkeit nicht ganz schlimm aufzufallen, war das Abzählen der Absätze und der Kinder, die vor mir lesen mussten. Leider ging dieser Plan oft nicht auf, weil manche Mitschüler so gut gut waren, dass sie zwei oder drei Abschnitte lesen sollten. Meine Rechnung, welchen Abschnitt ich lesen muss, war damit hinfällig. Das heimliche Vorüben für diesen Abschnitt war dann auch umsonst. Meistens wurde ich so unsicher, dass ich, bis ich an der Reihe war, nicht mehr wusste, wo wir waren.

Inhaltlich hatte ich sowieso durch das Zählen und Üben nichts mitbekommen, was meine Situation nicht verbesserte. Einige meiner Mitschüler, vor allem Freunde, wollten mir dann helfen. Jedoch fällt es auf, wenn man fast jedes Wort vorgesagt bekommt. Ausreden, wie: "Ich weiß nicht, wo wir sind", haben nur wenig Zeit bis zum Vorlesen herausschlagen können.

Wenn ich meinen ganzen Mut zusammengenommen und gesagt habe, dass ich nicht gut lesen kann, hat es zu 90 Prozent nicht das von mir erhoffte Ergebnis gebracht. Ich musste lesen. Meine Fingerchen klebten regelrecht an dem dünnen Papier fest, so viel Angst hatte ich vor dem Vorlesen. Irgendwann habe ich mich dann endlich getraut zu sagen: „Nein, ich lese nicht!“ Solcher Protest wurde natürlich dem Klassenlehrer gemeldet und kam auch bis zu den Ohren meiner Eltern. Die standen aber immer hinter mir. Wahrscheinlich wäre es besser gewesen, meine Eltern von vorneherein einzuschalten. Aber es gibt ein Alter, wenigstens bei mir gab es das, wo man nicht alles nur mit Hilfe von Mama und Papa lösen möchte.

Ich lese bis jetzt sehr, sehr, sehr ungern laut vor und meine Stimme zittert immer noch leicht. Es ist sicherlich eine Frage der Übung, aber wer macht schon etwas gerne, was er schlecht oder gar nicht kann?
Mir fällt auf, dass ich oft Wörter hinzu"lese", die inhaltlich in den Kontext passen, dort aber gar nicht stehen, oft sind nur die ersten ein oder zwei Buchstaben gleich. Peinlich wird es nur, wenn man öfter in ein und demselben Text verbessert wird. Im Gegensatz zum Lesen schreibe ich sehr viel und auch sehr gerne. (Mira, Studentin, 23 Jahre)

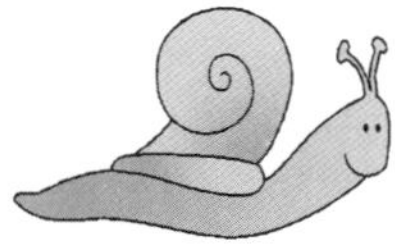

3 Von Pontius zu Pilatus

Jahr um Jahr, Therapie um Therapie

Mira, mit deren Bericht das letzte Kapitel endete, beschreibt nun, wie viele Versuche ihre Eltern unternommen haben, um ihr Problem zu klären und eine passende Therapie zu finden. Daneben berichten auch andere Schüler und Eltern über ihre aufwändigen und leider oft vergeblichen Bemühungen, eine hilfreiche Diagnose, eine wirksame Therapie und nicht zuletzt eine finanzielle Unterstützung zu bekommen. Nun hat wieder Mira das Wort.

und

Bei wie vielen Augen-, Ohren- und anderen Spezialärzten ich war, habe ich nicht gezählt. Jedoch weiß ich noch, dass ich nach jeder dieser Untersuchungen immer ein kleines Geschenk aussuchen durfte. Meine Kuscheltiersammlung wuchs von Monat zu Monat, bis festgestellt wurde, dass es kein Problem mit dem Sehen, Hören oder der Aufnahmefähigkeit ist, sondern Legasthenie.

Was habe ich alles versucht? Was haben meine Eltern versucht?
Als die LRS festgestellt wurde, war ich zwischen sechs und sieben Jahre alt. Es stand schnell fest, dass ich viel Förderung benötigen würde. Meine Mutter hat versucht, mir meine restliche Freizeit so schön wie möglich zu gestalten. Vom Seidenmalen über autogenes Training

bis zum Kletterurlaub haben meine Eltern mir sehr viel zum Ausgleich zu der Therapie und dem vielen Üben geboten.

Ein Plan, bevor feststand, dass ich die erste Klasse wiederhole, war, dass ich auf ein Internat gehen könnte, wo nur LRS-Kinder sind. Meine Eltern haben mir davon erzählt und mir die Entscheidung überlassen. Wir waren uns nicht sicher, ob es gut ist, in eine Schule zu gehen, wo nur Kinder sind, die solche Probleme haben. Was meine Eltern alles für positive und negative Aspekte an einem LRS-Internat gesehen haben, kann ich nur vermuten. Für mich war anfangs die Überlegung nicht schlecht. Wenn alle Kinder dort solche Probleme haben, muss man es nicht immer erklären und sich rechtfertigen. Jeder Lehrer weiß ja dann, was LRS ist, dachte ich mir so. Jedoch hatten meine Eltern auch viele Bedenken und wollten auf keinen Fall, dass ich mich abgeschoben fühle. Die Entscheidung musste auf jeden Fall schnell fallen, weil ich schon kurz vor dem zweiten Schuljahr war. Wie die Entscheidung genau gefällt wurde, weiß ich nicht; ich war ja noch sehr jung, aber meine Eltern, vor allem meine Mutter, hat sich dafür eingesetzt, dass ich in die erste Klasse zurückgestuft wurde und weiter auf eine ganz "normale" Grundschule im Dorf gehen sollte.

Ganz wichtig war es für mich zu wissen, dass ich nicht behindert oder irgendwie anders gestört war. Es hat lange gedauert, bis ich meine Mutter gefragt habe, ob ich krank bin. Ich denke, es ist sehr wichtig senen Kindern, wenn sie ein Problem haben, ihnen dieses zu erklären. Damit man sich nicht als Kind seine eigenen, oft viel schlimmeren Ideen dazu macht und sich als anders, komisch, etwas Schlechteres oder so abstempelt.
Heute denke ich, dass es wichtig für die eigene Entwicklung ist, gelegentlich auch einmal selber zu erklären (ab einem bestimmten Alter), dass man Legastheniker ist. Das bedeutet aber auch, dass man auf anderen Gebieten sehr gut sein muss und sich selbst mit seinen Schwächen auseinandersetzt. (Mira, Studentin, 23 Jahre)

Wenig gebracht, aber teuer! (Ennos Mutter berichtet)

Kaum jeman kann sich vorstellen, wie viele Bemühungen und vergebliche Anstrengungen, die auch noch mit nennenswerten Kosten verbunden sind, von Eltern unternommen werden, um ihren Kindern zu helfen. Sie, liebe Leserin und lieber Leser, wissen es genau! Eigentlich sollte aber das Problem von LRS/Legasthenie als gesellschaftliches Problem gesehen und eine Abhilfe vorrangig von der Schule, aber auch von den Jugendämtern und Krankenkassen betrieben, finanziert oder zumindest unterstützt werden. Leider scheint dies in der Regel nicht der Fall zu sein. Ennos Mutter beschreibt ihre reichhaltigen Erfahrungen ab Ennos Grundschulzeit.

Als Erstes suchten wir eine Kinesiologin auf. Wir hofften, dass Enno durch die Übungen dort wieder mehr ins Gleichgewicht kommt, er ein stärkeres Selbstbewusstsein entwickelt und sich seine schulischen Probleme bessern würden. Es hat wahrscheinlich nicht geschadet, aber geholfen hat es auch nicht (immerhin zehn Sitzungen je 50.- Euro).

Danach waren wir beim Augen- und Ohrenarzt, um auszuschließen, dass Seh- oder Hörprobleme vorliegen. Zwischenzeitlich haben mein Mann und ich uns natürlich durch Bücher, Vorträge und Zeitungsartikel informiert. Ich war Ende des zweiten Schuljahres davon überzeugt, dass Enno entweder ADS (Aufmerksamkeitsdefizit-Syndrom, eine Konzentrationsstörung mit begleitenden impulsiven Handlungen, Anmerkung der Verf.) *hat oder irgendeine Form von LRS.*

Schließlich ging ich, obwohl seine Lehrerin das nach wie vor nicht für notwendig hielt, zu einem Kinder- und Jugendpsychologen, um dort einen LRS-Test machen zu lassen. Der Test war sehr umfangreich.

Als dann das Ergebnis kam, war das trotz der Diagnose erstmal eine Erleichterung. Bei Enno wurde eine Lese-Rechtschreibstörung festgestellt, dabei vor allem im Lesen. Auf einer Skala von 1-10 war seine Lesekompetenz unter 1. Gleichzeitig wurde eine visuelle Wahrnehmungsstörung und Konzentrationsschwäche diagnostiziert, aber auch - und das war vor allem für Enno wichtig - dass er überdurchschnittlich intelligent ist und einen hohen Intelligenzquotienten hat. Für uns war die Diagnose, so hart sie auch war, deswegen erleichternd, weil jetzt klar war, dass er nichts dafür konnte und wir nun endlich wussten, was es war.
Bei dem Auswertungsgespräch mit dem Doktor bot er mir in Anwesenheit von Enno Ritalin an: "Bei einem Kind wie Ihrem, das ja wohl aufs Gymnasium gehört, ist das eine adäquate Hilfestellung." Auf mein abweisendes Verhalten hin, meinte er nur, das müsse ich vor mir selbst verantworten. Dennoch verschrieb er meinem Sohn Ergotherapie und empfahl uns zwei Institute. Enno selbst hätte am liebsten die Pillen geschluckt, weil er dachte: "Wenns hilft...".

Ennos Lehrerin hatte mir mitgeteilt, dass ich mich um sein LRS-Problem selbst kümmern müsse, sie könne es im Unterricht nicht zusätzlich noch leisten. Allerdings versorgte sie mich nun mit diversen Materialien und Infos, immerhin.
Ab der dritten Klasse bekam Enno zusammen mit anderen Kindern Deutsch-Förderunterricht. Und ab der Mitte dieses Schuljahres ging er zusätzlich zweimal wöchentlich zur Nachhilfe und einmal die Woche zur Ergotherapie. Bei der Nachhilfe lernte er in einer Gruppe mit acht Kindern (was rückblickend zumindest für Enno viel zu viele waren). Meistens arbeiteten sie am Computer. Er fing dort mit einem getesteten Prozentrang von 23 an und hatte sich in den folgenden zwei Jahren nicht wesentlich gesteigert. Das war sehr enttäuschend. Als er im fünften Schuljahr dann in Diktaten nur noch Fünfen und Sechsen schrieb, kündigten wir dort (165,- Euro monatlich).

Zwischenzeitlich hörten wir von einer anderen Methode. Eine Unter-

suchung ergab bei Enno Auffälligkeiten in der Blicksteuerung. Dort geht man davon aus, dass eine altersgerechte Blicksteuerung eine wichtige Voraussetzung für die Lese- und Rechtschreibentwicklung sei. Das Training mit einem Gerät sollte dieses Defizit ausgleichen und als unterstützende Maßnahme fungieren. Enno probierte dieses Gerät (so eine Art Gameboy) eine Zeitlang aus; es stresste ihn aber nur. Es zeigten sich auch keinerlei Änderungen (insg. 600,- Euro).

Während der Zeit in der Orientierungsstufe im 5. Schuljahr ging es aufgrund der Fülle an Texten mit seiner Rechtschreibung weiter bergab. Ennos Deutschlehrerin hat allerdings, trotz des Gutachtens, in Diktaten jeden fehlenden j-/i-Punkt angestrichen und gewertet. Das finde ich bei einem LRS-Kind vollkommen überflüssig. Sie war aber nicht zu überzeugen und hielt sich strikt an die Rahmenrichtlinien. Seine Klassenlehrerin war jedoch verständnisvoll und hat sich für eine Realschulempfehlung - trotz des Widerstands der Deutschlehrerin - ausgesprochen, weil er ansonsten ein guter Schüler war und ist.

Mittlerweile ist Enno ein sehr guter Schüler. Sein Ziel ist es, den erweiterten Sek.-II-Abschluss zu schaffen. Enno hatte zu dem Zeitpunkt oft mit seiner LRS gehadert und fand es einfach ungerecht, dass gerade er so etwas haben muss.

In Ennos fünftem Schuljahr sind wir zu einem pädagogischen Kinesiologen gegangen, von dem wir Gutes gehört hatten. Durch die Muskeltests der Angewandten Kinesiologie sollte das Lernen erleichtert werden und zur inneren Balance führen. Die Gespräche mit dem Kinesiologen haben Enno gutgetan, ansonsten hat es keinen sichtbaren Erfolg gebracht (Kosten insgesamt etwa 500,- Euro).
Dieses fünfte Schuljahr war äußerst kostenintensiv, weil sich die Therapien teilweise überschnitten haben, aber weder die Stadt noch die Krankenkasse haben jemals irgendwelche Kosten übernommen (und es ist ganz bestimmt nicht so, dass es uns leicht gefallen wäre).

Trotz Realschulempfehlung waren wir froh, dass Enno doch noch im Nachrückverfahren an die Gesamtschule wechseln konnte. Das hat sich tatsächlich als gute Entscheidung erwiesen. Enno ist dort zum ersten Mal an eine sehr engagierte und kompetente Deutschlehrerin geraten, die sich auch um seine LRS kümmert. Bei Diktaten bekommt er Lückentexte und wird für das Richtiggeschriebene gelobt. Bei Aufsätzen oder Grammatikarbeiten lässt sie die Rechtschreibung außen vor, verbessert mit grünem Stift und ist einfach sehr motivierend im Umgang mit seinen Texten (anstatt "das darf doch wohl nicht wahr sein", ein "gut gemacht", weil es inhaltlich eben gut war oder "du hast weniger Fehler gemacht").

Abgesehen von der Rechtschreibung ist er eigentlich gut in Deutsch. Diese Deutschlehrerin hat Enno auch ein halbes Jahr lang in einer Fördergruppe unterrichtet. Als dann aber eine andere Lehrerin die Gruppe übernahm, wollte Enno daran nicht mehr teilnehmen.
Da wir ihn aber nicht ohne Förderung lassen konnten und wollten, haben wir in unserer Nähe eine Psychologin gefunden, die Nachhilfe bei LRS im Einzelunterricht gibt (80,- Euro monatlich). Enno ist gern zu ihr gegangen und tatsächlich ist auch eine leichte Besserung eingetreten.

Als ich dann über eine gute Bekannte von einer Therapie hörte, die nach einem selbst entwickelten Konzept arbeitet und den Erfolg garantiert, konnte ich Enno noch einmal überzeugen und motivieren, dies auszuprobieren. Bei den jeweils wöchentlich geschriebenen Texten hat Enno sich deutlich verbessert. Das ist jetzt drei Monate her. Als wir Enno fragten, ob er nach den Sommerferien weitermachen möchte, hat er wirklich ganz überzeugt gesagt: "Auf jeden Fall, jetzt wo es endlich mal funktioniert". Das spricht für sich.

Fazit
Alles in allem haben wir wirklich viele Therapiemöglichkeiten ausprobiert. Es war sicher nicht einfach, immer wieder Rückschläge und

Enttäuschungen wegzustecken. Wir waren oft verzweifelt. Aus unserer Sicht war es wichtig, Enno die gleichen Möglichkeiten wie anderen Kindern zu geben. Schreiben und Lesen gehören nun mal zu den Basisfähigkeiten.Wer die nicht beherrscht, hat es einfach schwerer im Leben. Enno hat sich in bewundernswerter Weise immer wieder auf Neues eingelassen, er hat nie aufgegeben. Er ist mittlerweile viel gelassener im Umgang mit seinem Handicap und auch reifer geworden. Natürlich ist er in der Vergangenheit immer wieder von Mitschülern gehänselt und getriezt worden. "Die denken, ich bin dumm, nur weil ich nicht richtig schreiben und lesen kann." Auf solche Äußerungen hat Enno dann oft mit seinem hohen Intelligenzquotienten gekontert. Eine kompensatorische Reaktion, die nicht immer gut ankam, die ich aber verstehen kann. Als Mutter habe ich auch so manchen dummen Spruch gehört, wie: "Es können ja nicht alle Abitur machen", oder, "früher gingen die auf die Sonderschule". Äußerungen, die von absoluter Unwissenheit zeugen, vor allem was Enno anging.

Wir sind eigentlich immer recht offen mit dem Thema LRS umgegangen (Enno übrigens auch) und haben auch viel Verständnis erfahren. Ich denke, für Enno waren die letzten Jahre vor allem deswegen hart, weil er wirklich viel Freizeit dafür opfern musste. Da es ihm aber selbst sehr wichtig war, sich zu verbessern, hat er sich immer wieder motivieren lassen. Enno ist jetzt in der siebten Klasse und ein ausgesprochen guter Schüler, vor allem in den Naturwissenschaften. Er wird seinen Weg schon machen.

Zusammenfassend möchte ich noch feststellen, dass es auf jeden Fall gut war, dass Enno außer Haus Rechtschreibförderung bekommen hat. Das hat deutlich zum Abbau von Spannungen geführt, auch wenn es sehr teuer und anstrengend war. Andererseits hätten wir uns vielleicht diese ganze Odyssee ersparen können, wenn schon in der Grundschule anders und fachkundiger mit LRS umgegangen worden wäre. (Bericht von Ennos Mutter)

Ich musste warten, warten und warten (Ennos Erfahrungen)

Das Spektrum der vielfältigen Probleme mit der LRS entfaltet sich noch deutlicher, wenn neben der Schilderung der Eltern auch der Betroffene selbst über seine Erlebnisse berichtet, wie dieses nun Enno (Schüler einer siebten Gesamtschulklasse) tut.

Als Erstes war ich bei einer Kinesiologin. Dort musste ich mich hinlegen und sie drückte an verschiedenen Punkten, die einen manchmal ganz müde machten. Das hat es nicht gebracht. Als Nächstes bin ich zu einem Arzt gegangen, wo ich mich ausziehen musste, und er hat verschiedene Untersuchungen gemacht. Danach hat er einen Test (schriftlich) wie in Mathe oder Naturwissenschaften gemacht. Der ist gut geworden, aber noch nicht genug.

Dann musste ich beim nächsten Termin erst warten, warten und warten und warten und warten. Nachdem wir endlich aufgerufen wurden, musste ich noch länger warten. Dann kam der Arzt, und ich musste mich auf einen Stuhl setzen. Vor mir stand eine Maschine und weil die Assistenten die Maschine einstellen sollten, musste ich noch mehr warten und warten und warten. Als das Gerät endlich eingestellt war, musste ich ganz still sitzen, 30 Minuten lang. Das war richtig doof. Man kann sich gar nicht vorstellen, wie das ist, nach 30 Minuten stillem Sitzen endlich wieder zu stehen. Ein paar Tage später wurde ich noch mit schriftlichen Prüfungen getestet, die waren nicht sehr schwer. Nach dem Testen wusste man meinen Intelligenzquotienten (IQ 124).

Der Arzt sagte, wir sollten zu „SOS“. Ein paar Wochen später saß ich also da. Das war in der dritten Klasse. SOS ist nach meiner An-

sicht ein geldschluckender und ein nichts-bringender Scheiß. Es war oft (eigentlich immer) laut. An den PCs war es auch doof, denn wenn man mal etwas falsch machte, musste man die Übung teilweise noch einmal machen. Ich fand an der Nachhilfe noch doof, dass wenn man genug Punkte gesammelt hat, kriegte man etwas. Denn dadurch wurde alles nur noch auf dieses Ziel gerichtet, und man konnte sich nicht mehr konzentrieren.

Zur gleichen Zeit war ich auch noch in einem „X-Labor". Dort musste ich so ein Gerät um den Kopf schnallen und dann waren dort auf dem Display solche Punkt, und ich musste angeben, wie viele Punkte da sind oder auf welcher Seite die Punkte sind.

Kurz bevor ich das Nachhilfe-Institut verlassen habe, ging ich noch zur Ergotherapie. Ich fand, dass das Geldverschwendung war, denn dort konnte ich spielen, basteln und geholfen hat es gar nichts oder allerhöchstens ein bisschen, vielleicht einen halben Fehler auf 100 Wörter weniger. Doch danach bin ich noch einmal zur Ergotherapie gegangen und zwar zu Herrn Meyer. Er hat mit mir ein paar Übungen gemacht, aber die meiste Zeit konnte ich Musik hören, und er hat bei mir irgendwelche Sachen gemacht und geholfen hat es vielleicht noch einen halben Fehler auf 100 Wörter weniger.

In der sechsten Klasse bin ich zur Schulförderung gegangen, bei Frau Müller im ersten Halbjahr, bei Frau Meier. im zweiten. Dieser Förderunterricht war ganz okay, besonders vom Kostenpunkt her (0,- €). Doch im zweitem Halbjahr hatten wir bei einer anderen Frau. Bei ihr wurde uns beigebracht, dass Nomen groß- und Verben sowie Adjektive kleingeschrieben werden. Das war total, total, total langweilig, weil wir das in der zweiten Klasse schon hatten. Das hat überhaupt nichts gebracht. Als ich gehört habe, dass diese Frau im siebten Schuljahr wieder „Förder" gibt, habe ich mich entschieden, keine Schulförderung mehr zu machen.

Dann bin ich zu Frau Schmitz gegangen, bei der ich eigentlich viel Spaß hatte und auch was gelernt habe - vielleicht 10-20 Fehler auf 100 Wörter weniger. Nachdem ich ein Jahr dort war, hörte ich auf und fing eine neue Therapie an. (Enno, siebte Klasse, Gesamtschule)

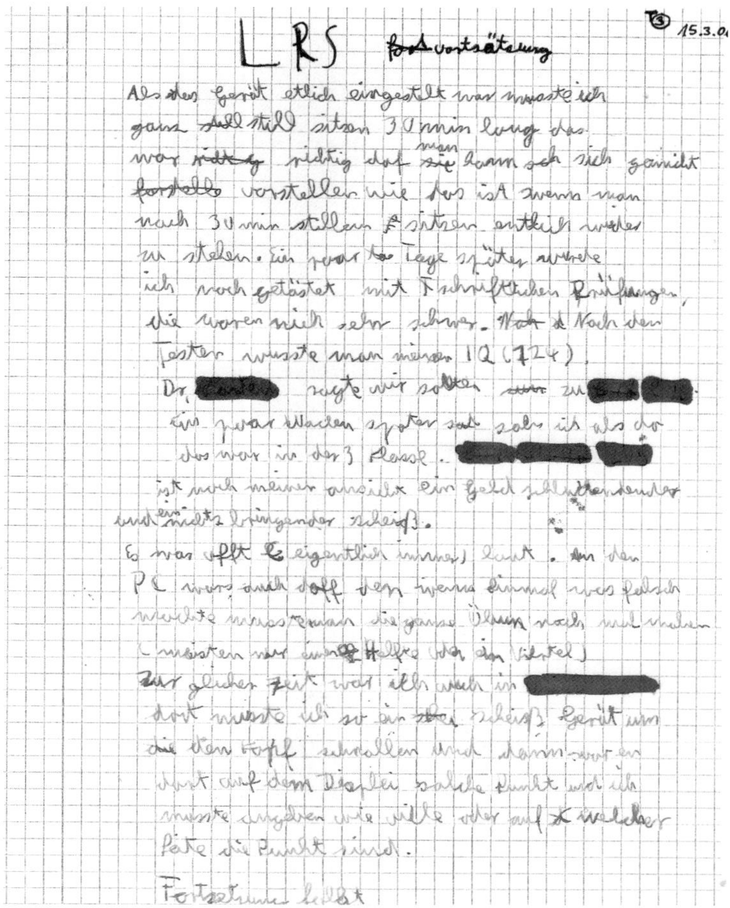

LRS vortsätzung 15.3.0

Als das Geröt etlich eingestelt war musste ich ganz still sitzen 30 min lang das war richtig dof man kann sich sich garnicht vorsteller wie das ist wenn man nach 30 min stillen sitzen entlich wider zu stehen. Ein paar Tage später wurde ich noch getästet mit schriftlichen Prüfungen, die waren nich sehr schwer. Nach den Testen wusste man meinen IQ (124).

Dr. [redacted] sagte wir sollten zu [redacted].

Ein paar Wochen später sah ich als da das war in der 3 Klasse. [redacted] ist nach meiner ansicht ein Geld schluckender und ein nichts bringender scheiß.

Es war oft (eigentlich immer) laut. An den PC war auch doff den wenn einmal was falsch machte musste man die ganze Übung noch mal machen (meisten war eine Hälfte oder ein Viertel)

Zur gleichen Zeit war ich auch in [redacted] dort musste ich so ein scheiß Gerät um den Kopf schnallen und dann war es dort auf dem Displei solche Punkt und ich musste angeben wie ville oder auf welcher Seite die Punkt sind.

Fortsetzung folgt

Abbildung: Therapiebeschreibung von Enno

Miras absurde, unnütze und wirksame Therapien

Mira, die Sie schon kennen gelernt haben (S. 21 ff.), beschreibt ihre vielfältigen Therapie-Erfahrungen.

und ***Die Suche nach einer Therapie***

Schnell stellte sich heraus, dass eine normale Nachhilfe in meinem Fall nicht die richtige Lösung wäre. Aber welche Therapie ist die richtige für ein Kind, das in die zweite Klasse geht? Solche Fragen stellte sich meine Mutter sicherlich nicht nur tagsüber.

An zwei Therapiearten kann ich mich noch sehr gut erinnern. Einmal waren meine Mutter und ich bei einer Therapeutin, die mit verschiedenen Übungen das Rechtschreibproblem beheben wollte. Bei meiner ersten Teststunde habe ich in einer Badewanne mit Zahncreme Achter gemalt. Wie teuer die Therapie war, weiß ich nicht. Auf jeden Fall haben sich meine Eltern dagegen entschieden.

Eine noch absurdere Therapie-Idee war, mit Musikkassetten und mit dem Schaukeln sollte mir geholfen werden. Jedoch konnte sich meine Mutter nicht einmal eine der Kassetten anhören. Man sollte diese einfach kaufen. Es war anscheinend echt sehr schwierig, eine geeignete Therapie zu finden.

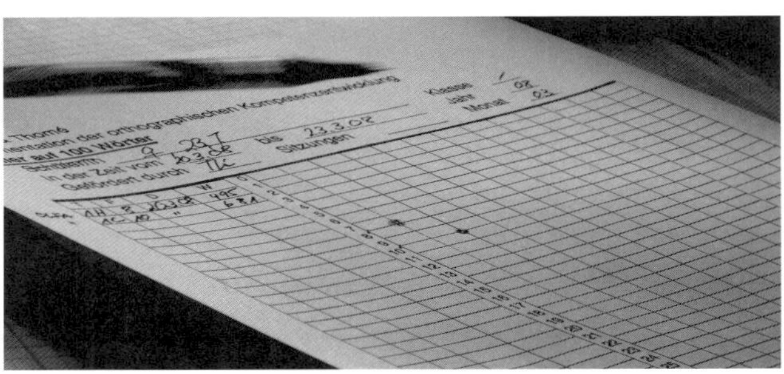

Meine Therapien

Nach langer Suche hatten wir eine Therapie nicht allzu weit weg von meinem Zuhause gefunden, die meinen Eltern kompetent genug erschien. Dahin bin ich von der ersten Klasse mindestens bis zu meinem vierzehnten Lebensjahr einmal wöchentlich gegangen.

Diese Therapie war für mich zeitweise so schrecklich. Anfangs, daran kann ich mich noch gut erinnern, habe ich mich im Kleiderschrank meiner Eltern versteckt, nur damit ich nicht dorthin musste. Meine Eltern haben jedoch entschieden, was ich heute viel besser verstehen kann, dass ich dahin gehen sollte.
Es gab mehrere Gründe, warum ich nicht zur Therapie wollte. Sie war immer halb Einzelförderung und halb mit einem oder zwei weiteren Kindern, die oft sehr hippelig und aufgeregt waren. Viele von den anderen Patienten hatten leichte oder schwere Verhaltensstörungen, und die Therapie war mehr auf die Behebung dieser Art von Problemen ausgerichtet. Ich habe immer Bögen aus Arbeitsheften ausfüllen sollen. Es waren Lückentexte, die dann wohl ausgewertet wurden. Jedoch muss ich dieser Förderung zugutehalten, dass ich große Fortschritte in den ca. sechs Jahren gemacht habe, weil ich ja mehrmals in der Woche geübt habe und mich immer mit der Rechtschreibung beschäftigen musste.

Einer der wichtigsten Gründe, warum ich irgendwann nicht mehr zu dieser Therapie gehen wollte, war, ich mochte nicht, dass die Therapeutin meinen Eltern immer sagte, es sei ganz wichtig, dass sie mich nicht überfordern. (Ich wollte aber sehr gerne das Abitur machen.) Ihre Meinung dazu war, ein guter Real- oder Hauptabschluss würde ja besser für mich sein. Diese Therapeutin hat jedoch meinen Eltern sehr geholfen, sogar zu den Elternabenden hat sie sie auf Anfrage begleitet. Durch die Therapie und den Nachweis, dass ich in einem Förderprogramm bin, konnten viele Deutsch-, Englisch- sowie Klassenlehrer davon überzeugt werden, dass sie mich unterstützen und nicht vor der gesamten Klasse bloßstellen sollten. Rückblickend kann ich je-

doch nur sagen, dass diese Therapiemethode nicht sehr stark auf die Bedürfnisse des einzelnen Schülers ausgerichtet war.

In der fünften Klasse haben wir immer den Notenspiegel an die Tafel geschrieben bekommen. Die am häufigsten gestellte Frage, wenigstens aus meiner Sicht, war: „Da fehlt eine Note!" Zu der Zeit, als ich in der fünften Klasse war, musste noch jährlich ein Attest vorgelegt werden, welches die Legasthenie bescheinigt. Durch diese Vorlage hatte ich in Deutsch eine Notenbefreiung, was aber auch dazu geführt hat, dass ich keine Note bekommen habe. Somit fehlte jedes Mal eine Note, wenn man alle Noten der Klasse zusammengerechnet hat. Diese Fragen waren mir sehr unangenehm. Deswegen kann ich mich noch sehr gut daran erinnern. Solche Erlebnisse und mein Ziel, einfach ganz "normal" zu sein, haben mich dazu bewegt, dass ich ab der sechsten Klasse keine Notenbefreiung mehr haben wollte.

Mira berichtet nun über einen Intensiv-Rechtschreibkurs, der (vom 20.-23. November 2008) in unserem Oldenburger Institut stattfand. Während dieser vier Tage schrieb sie über ihre Sprach-, Lese- und Rechtschreibprobleme (handschriftlich ✎ und am Computer 💻, s. o.). Die Texte wurden täglich einer qualitativen Fehleranalyse mit OLFA (Oldenburger Fehleranalyse) unterzogen. In der übrigen Therapiezeit wurden die individuellen orthografischen Schwerpunkte bearbeitet, die aufgrund der **Fehleranalyse** als vorrangig erkannt wurden.

Erfreulicherweise hat Mira in den vier Tagen ihren Fehlerwert auf 100 Wörter (= Fehlerindex) von anfänglich acht auf nur drei Fehler in den handgeschriebenen Texten (sechs Fehler auf 100 Wörter in den Computertexten) verringern können. Da es sich bei Mira um eine erwachsene Lernerin handelt, wurde diese Therapie nicht in die oben erwähnte Berechnung der durchschnittlich benötigten Sitzungen aufgenommen.

Nach dem ersten Tag, an dem ich über meine bisherigen Therapien geschrieben habe, wurde mir aufgezeigt, welche Fehlerarten ich mache. Ich habe mir von diesem Lern-Experiment sehr viel erhofft, muss aber auch sagen, dass ich durch so lange und viele Therapien etwas skeptisch war. Für mich war es sehr spannend, aber auch seit Langem ungewohnt, wieder etwas über die Rechtschreibung und vor allem über meine eigene zu lernen.

Durch die Analyse meiner Texte stand schnell fest, was ich noch üben musste, wo meine Rechtschreibprobleme lagen. Einige Wörter waren sehr auffällig, die ich schon seit etwa neun Jahren falsch schreibe: "Schuhle"(mit dem h) war für mich ein Wort wie „Lehrer“, das auch mit h geschrieben wird. Die Analyse hat aber noch viel mehr verraten, dass ich bei der Groß- und Kleinschreibung noch Unsicherheiten habe. Dass ich in einige Wörter "Rs" einbaue, die dort nicht hingehören, wusste ich schon, ich wusste aber nicht bei welchen Wörtern.

Die für mich verwunderlichsten Fehler waren *vorraus, *herraus und ähnliche Wörter, die aus den zwei Wortbausteinen „her“ oder „vor“ und „aus“(und nicht *raus) zusammengesetzt sind, wie ich nun gelernt habe. Dabei hatte ich doch "vielen Dank im Voraus" schon als Vokabel gespeichert gehabt, wie viele Wörter. Für mich stand immer fest, wenn ich merke, dass ich ein Wort öfters falsch schreibe, muss ich es auswendig lernen, so wie "sehr geehrte Damen und Herren".

Nun weiß ich aber, dass es viele logische Regeln und Tricks gibt, mit denen ich meine Fehler sehr stark reduzieren kann. Der Unterschied zwischen der OLFA (Oldenburger Fehleranalyse, Anm. der Verf.) und den Methoden, die ich davor ausprobiert habe, ist, dass durch diese Analyse meine eigenen Fehler aufgezeigt wurden, dadurch konnte genau an diesen Punkten gearbeitet werden.

Für mich ist es unglaublich, wie schnell ich mich in den vier Tagen durch die richtige Analyse meiner Fehler weiterentwickeln konnte und nun weiß, wo ich aufpassen muss. Meinen eigenen Leistungsstand würde ich selber fast schon als unauffällig bezeichnen. Und genau das war immer mein persönliches Ziel: nicht mehr wegen der Rechtschreibfehler aufzufallen. Es ist für mich sehr wichtig, dass ich nach meinem Studium so wenig Fehler schreibe wie durchschnittliche Erwachsene. Es ist ein gutes Gefühl zu wissen, dass ich mir selber mehr zutrauen kann und es kaum noch auffallen wird, dass ich vor siebzehn Jahren ein großes Problem mit der Rechtschreibung hatte.
(Mira, Studentin, 23 Jahre, leicht korrigierter Text)

4 Harte und schöne Texte

Wir wollen wieder ein paar Kinder zu Wort kommen lassen, die besonders eindringliche Texte geschrieben haben. Frei geschriebene Texte sind **besonders eindrucksvoll und ausdrucksstark.** Da kann kein schulischer Aufsatz und schon gar kein Diktat mithalten! Es liegt einfach eine andere inhaltliche Qualität und Intensität vor, aber das werden Sie gleich sehen.

Wir haben die Rechtschreibung, Grammatik und Zeichensetzung im Originalzustand belassen. Die Authentizität soll erhalten bleiben, auch wenn dieses auf Kosten der Lesbarkeit geht.
Insgesamt schreiben zu Beginn einer Therapie die Jungen viel härtere (manchmal RICHTIG brutale) Texte als Mädchen. "Heftige Texte" von Mädchen sind eher die Ausnahme, oft sind es nur Andeutungen, die sie sich zu schreiben trauen.

Harte Texte

Zunächst stellen wir (ganz schön) harte Texte vor. Am besten ist, Sie lassen das Geschriebene einfach auf sich wirken. Sie werden sehen, diese Texte benötigen absolut keinen Kommentar.

Auf den Senkel

Es geht mir alles auf den Senkel: Matte, das Wetter, mein Bademantel, meine Glasklicker, mein Commeckheft, der Terminkalender, der Fehrnseher, die Hausaufgaben, mein Kuscheltier, mein Schreiptisch, mein Blatt, meine Schrift, mein Stift, meine Federmappe, mein Füller, meine Geige, unser Klavier, unser Garten, unsere knatschende doofe Schaukel, unsere Gartenplagegeistermanöverratvorsitzenderscheff, unsere Lampen Mamas Tasche der blöde blöde Spiegel das Diktat der Aufsatz (Mädchen, fünfte Klasse, Gymnasium, Abschrift des Originaltextes, Fehler nicht korrigiert)

Nein Dancke

Eltern könen richtig nerfen sie meinen Wen ich schreibe würde ich mit der Rechtschreibung besser forankommen. Son Scheiß jetzt wil man schon mal wut ablassen und dan bimelt die Behinderte Tableten Box ich Könte mir nen Forschlag Hammer nemen und dises Gotverdamte Geret in die Hölle schicken eigentlich sölte ich ja jetzt Tabletten nemen aber da scheiß ich ein drauf verekken werd ich schon net selbst wen wärs ne erlösung meine Mama hat mich grad von meiner Libligsbescheftigung getren, dem Computer.

Ich wolte grade Comanen Conker spielen da kam sie rein und meinte: "Du kanst doch net den gasen Tag vorm Computer sitzen!" das ist so nerfig das könt ir mir rug glauben.

Und jetzt sitz ich hir und schreibe eine beknackte geschichte ich Könte auch gut one Schreiben auskommen ich hasse sreiben ich erabscheue es und um euch vor einer Xplosion zu schützen Hör ich jetz liber auf. Ende! (Junge, sechste Klasse, Realschule, Abschrift des Originaltextes, Fehler nicht korrigiert)

Schüleraltag

Am Morgen for der Schule ist es meistes stresieger als in der Schule. Den wenn wir dann auf den Buss warten kommt der fast immer zu späd und dann mussen wie uns im Buss um die Sitsplätze prügel. Dan von Station zu Station und immer steigen mehr Leute ein und es wird immer enger. Wenn der Buss eine Lingskurwe macht kippen alle nach rechts aber keiner fällt um nur auf den nesten drauf dan brült der ander den einen an weil er sich auf in abgestützt hat. Wenn mann dann in der Schule ankommt drengeln sich alle aus den Buss.
dann heißt es auf den Lehrer warten oder noch schnell die Hausaufgaben abschreiben. Dann kommt der Lehrer und kugt uns generft an und sagt:" Guten Morgen", was er eigendlich nicht ernst meint, er meint ehr "und jetzt reiss ich euch den Kopf ab". Dann erklärt er irgend was wo wie zuhören sollen weil es unsere Zukunft betrift oder betrefen könnte wenn er dann fertig ist und fragt wer das verstanden hatt ist alles still, dann hälter eine Prädigt übers zuhören und erklärt es nochmal näste Stunde doppelstunde Biologie Herr Müller der langweiligste Lehrer überhaubt er sagt ne Seitenzahl und teilt Arbeitsblätter aus mehr passiert eigendlich nichts in Biologie bis auf dass Herr Meier immer auf unsere Schülerin kuckt.
Die Letzten beiden Stunden haben wir Hauswirtschaft die erste Stunde Theorie die zweite kochen und essen, dass macht am meistes Spaß. Und wer meind dass das leicht währe irrt sich. (Junge, siebte Klasse, Realschule, Originaltext, nur die Eigennamen wurden verändert)

Köter

Es war einmal ein sehr beharter Mann der zwei sehr schwere Kartons aus seinem Haus trug und sie um die ecke brachte um seinen lustigen Köter um zu bringen da er so lustig ist.

Die Kinder halfen ihm dabei den sie fanden ihn Furchbar nerfig denn er wollte immer spilen als sie alles varbereitet hatten schnitten sie den Hund auf und fullten das Sprennstoff in seinem magen und lisen eine Lunteaus dem Hals Hängen. Dann hielten sie ein Feuerzeug wor sein Mauel und als die Feuerfing ging die Lunte an und lief dem Hund in den Rachen.
Der Vater lief schnell weg und die Kinder volgten ihm dann machte es peng und der Hund explodirte im lauf Dan waren alle froh das er tot war und sie nicht mehr kummern mussten. (Junge, fünfte Klasse, Gesamtschule, Abschrift des Originaltextes, Fehler nicht korrigiert)

Jack ist in der vierten Klasse. Ein Jahr war er bereits bei einer großen Nachhilfe-Einrichtung. Aus der dritten Klasse liegt folgender Ausschnitt aus einer Klassenarbeit zum Thema „Feuer" vor. Diese wenigen Wörter verdeutlichen schon Jacks gravierende Probleme.

Brenbaredinge	Brennbare Dinge
Das Sauestof enzin.	Den Sauerstoff entziehen.
Das Benene teiel	Das brennende Teil
nit Wasser oder nit Schaun	mit Wasser oder mit Schaum

(Jack, dritte Klasse)

Die Schreibprobleme waren so grundlegend (Unsicherheiten bei *n* und *m* sowie allgemeine Phonem-Graphem-Beziehungen), dass man sich gut vorstellen kann, wie verzweifelt dieser Junge wahrnehmen musste, dass er kaum Chancen hatte, den Anschluss an den Leistungsstand seiner Klassenkameraden zu halten. Einfach nur viel üben und pauken hätte nichts gebracht, im Gegenteil: Jedes falsche Üben hätte ihn nur noch mehr zurückgeworfen und frustriert.

Da Jacks Interesse beim Wrestling (eine Art Kampfsport) liegt, können wir ihn in der Therapie dazu bewegen, dass er regelmäßig etwas über sein Hobby in ein **Geschichtenbuch** (s. dazu im Teilkapitel Geschichtenbuch) schreibt. Es ist nun sein eigenes Wrestling-Abenteuer mit der Rechtschreibung, das er bestehen muss und bestehen kann.
Er und seine Mutter haben das Geschichtenbuch schön beklebt, natürlich mit Fotos seiner Vorbilder: *Battista* und andere Wrestlingstars. Ganz allmählich entwickeln sich die Texte.

Die gischichte

Batista ist mal (m - mit vier Beinen geschrieben) klein Angefanen Aber er hat jetzt 1000000 Fens. Er ist Son oft im Kraneausewesen (= Krankenhaus gewesen*) wall er sich Verletz hate? Mein liblings Film ist Schdierb lagsam* (= Stirb langsam). (Jack, dritte Klasse)

Ein anderer Junge aus einer sechsten Klasse beschreibt einen erhofften Image-Wechsel mithilfe von „angesagten Klamotten".

Anders als andere

Es war mal ein Junge er war anders als die anderen des wegen wurde er immer geärgert. Er war immer alleine und er hatte keine Freunde des wegen dachte er sich einen unsichtbaren Freund aus er machte alles mit im aber das wirkte sich schlecht auf die schule aus. Deswegen redete die muttaer mit ein darüber

er sagte ich habe kein spass mehr andere schule den die anderen ärgern mich immer deswegen habe ich mir einen unsichtbaren Freund geholt. Und dann bin ich schlechter in der schule geworden. Da sagte die Mutter du must auf jedeffal besser in der Schule werden da sagt der Sohn was soll ich den machen soll ich mir meinen Freund wegdenken oder was

ja das sollst du oder verändere dich so das die anderen dich mögen und akseptieren. Ok. Gib mir geld für Neue Klamoten.
Er kaufte sich neue Klamotten und feränderte sein imitsch er wurde richtig cool und er wurde beliebt. So wurde er in der Schule besser. Das lag daran das die anderen mit im redeten so wurde er glücklich und zufrieden und so endet die geschichte von dem jungen der erst trauchrich war und jetzt glöcklich ist. (Schüler, sechste Klasse, Gesamtschule, Abschrift des Originals, Fehler nicht korrigiert, *imitsch steht für Image)

Schöne Texte

In der LRS-Literatur wird eher selten über die Härte in Jungentexten berichtet. Dabei kommt es gar nicht einmal so selten vor, dass Jungen ihren Frust über ihr Versagen und ihre nicht einfache Situation in den Geschichten verarbeiten und ausleben. Immer wieder erstaunlich ist es, wie sehr sich im Laufe und nach einer erfolgreichen Therapie ein **insgesamt positives Lebensgefühl** einstellt, welches sich auch ganz deutlich in den Geschichten widerspiegelt.

Da wir von jedem Schüler durchschnittlich mindestens zwanzig Texte vorliegen haben, war es sehr schwierig, unter den vielen schönen Geschichten nur ein paar auswählen zu können. Deshalb eine Entschuldigung an unsere Rechtschreibschüler, die hier vielleicht gerade schmökern: Wenn ihr keine Geschichten von euch findet, seid bitte nicht traurig! Ihr habt so viele tolle Texte geschrieben, dass wir bei der Auswahl **fast würfeln** mussten! Besonders gefreut hat uns, dass ihr Spaß am Schreiben bekommen habt und dass einige von euch sogar angefangen haben, richtige Bücher zu schreiben!l

RECHTSCHREIBMONSTER

Zur Nacht vom 15. bis zum 16. August hatte Leila einen furchtbaren Traum. Sie träumte von etwas schlimmeren als furchtbaren. Sie war gerade mit den Hausaufgaben vertig, an denen sie mindestens einandhalb Stunden dran gesesen hat, da klopfte es. Es war ihre Mutter! Sie wollte die Hausaufgaben sehen. Leila baht ihre Mutter das sie die Hefte nach dem anschauen wieder in die Schultasche zurücklegt.
Am Nachmittag ging Leila runter den ihre Hausaufgabe waren immernoch verschwunden. Doch was sah sie anstad ihrer Mutter am Küchentisch zu sitzen? Einen krimigen, braunen, bösen Zottelbär!
Er war ungefähr 1,80 m groß und wog ca. 60 kg. Leila erschrak natürlich sofort und dachte: Hilfe! Hilfe ein Monster! Bei ihrem Matheheft wurden schon die Zahlen aufgefressen und ihr Notenheft hatte kaum noch Töne.
Schweißgebadet und folkommen außersich vor Angst wachte Leila auf. Ihre Mutter standt schon mit einem Nassen Waschlappen neben ihr und legte Leila dem Waschlappen auf die Stirn : "Du hast schlecht geschlafen? Ne!", fragte sie. Leila nickte. Gedankenvoll zog sie sich an. Sie sah wieder das unheimliche Monster vor ihren Augen. In der ersten großen Pause freuten Leila, Pia und Luschke sich schon auf den Deutschunterricht, in dem sie ihren Aufsatz wiederbekommen sollten. Man könnte aber besser sagen das sie ihr Gedicht wiederbekommen. Sie sollten nämlich ein Reim über die Schule machen. Der Reim von Leila lautet so:

Mein Lehrer der heißt Hitschkok, er lehrt den ganzen Tag.
Er lehrt die Lehrerinnen, soviel er es nur mag.
Er lehrt auch uns die Schüler, bis Ende um punkt eins.
Dann gehen wir nach hause, bis außer unser Heinz
Er will nochmehr gelert sein, und Hitschkok willigt ein.
Am Ende da lehrt er uns, und unsren Hitschkok auch.
Dann nahm ich meine Sachen und ging ganz schnell nach haus.

Nachdem die Pausenglocke geläutet hat, und wier ums im Klassenraum versammelten, bekammen wir unseren Aufsats wieder. Luschke freute sich denn sie hatte eine zwei bekommen für das Gedicht mit den Affen der immer mit in den Ranzen klettert. Leilas Aufstats war als lätzter an der Reie. Sie freute sich schon auf die gute Note die sie sich erhoft hatte. Statdäsen sah sie, als die das Blatt umdrete, die schlächteste Note vom Klassenspiegel: Mangelhaft! Sie lass sich ihr Gedicht nochmal durch und tadsächlich war es anders als so wie sie es abgegeben hat:

Mein Lerer der heist Hitschkok, er lert den gansen Tak.
Er lert die Lererinen, sofil er es nur mak.
Er lert auch uns di Schüler, bis Ente um punkt eins.
Dan gehen wir nach hause, bis außer unser Heinz.
Er wil noch mer gelert sein, unt Hitschkok wiligt ein.
Am Ende da lert er uns, unt unsren Hitschkok auch.
Dan nam ich meine Sachen, unt ging ganz schnel nach haus.

"Viele grüße das Rechtschreibmonster" stand in Krakelschrift daunter und: "Zu viele Rechtschreibfehler, man kann nichts lesen. Bitte zuhause neu schreiben." Traurich ging Leila nach hause. Sie wusste zwar das ihre Mutter noch bei der Arbit ist, trotzdem klingelte sie. Leila vernahm Schritte, dann öffnete, ja öffnete der zottelige Bärenkopf Leila die Tür. Leila erschrack.

Das Rechtschreibmonster stellte sich vor und versprach ihr: "Zwa standt unter deinem Aufsats eine 5, doch ich werde dir helfen!" "du hast doch meinen Aufsats so schlecht gemacht!", Leila wurde wütend: "Und ich weiß auch nicht mehr wie das Gedicht sich vorher anhöhrte!" "darum ja: seine Schertse muss man immer wieder gut machen, sonnst darf man sie nicht den Leuten unter die Füße schieben." befor Leilas Mutter von der Arbeit wiederkam, war sie und das Rechtschreibmonster schon vertig. Am nächsten Tag bekam Leila für das schöhne Gedicht die Klassenbeste Note: eine 1! Ende (Schülerin, fünfte Klasse, Gymnasium, unkorrigierte Abschrift des Originaltextes)

Die Geschichte ist doch eine Glanzleistung! Diese fantasievolle Rechtschreibsatire zeugt von großem Einfallsreichtum, besonders der Teil mit den künstlichen Rechtschreibfehlern. Die ambivalenten Gefühle zwischen Können und Versagensängsten kommen in der Geschichte deutlich zum Ausdruck. Die in allen schulischen Fächern leistungsstarke und kreative Schülerin, verarbeitet im Text ihren erschwerten Weg zur Orthografie, indem sie die Figur eines Rechtschreibmonsters einbaut.

Abbildung: Rechtschreibmonster

Timon besucht die vierte Klasse. Er besitzt ebenfalls ein großes Schreibtalent; seine Texte fallen durch eine außergewöhnliche Lebendigkeit und Frische auf.

Das neue Tehma

Und darum schreibe ich jetzt von meinem liebligs Thema. Und das ist der Strom. Ich bin beeindrukt von der Kraft des Stromes. Und der Wirkung. Wie der Strom Robotter zum leben erwekt und vieles mehr finde ich faszienirent!! (Junge, vierte Klasse, unkorrigierte Abschrift des Originals)

Ist das nicht toll geschrieben? Man kann die Begeisterung des Jungen spüren. Sie springt förmlich aus den Zeilen heraus. Stellen Sie sich vor, dass einem derart interessierten Jungen der Spaß am Lernen ausgetrieben würde, nur weil er zurzeit noch kein optimal ausgebildeter Rechtschreib-Experte ist!

Eine andere begeisterte "Schriftstellerin" aus einer fünften Klasse möchten wir Ihnen nun vorstellen, die mindestens zwei, manchmal bis zu zehn Seiten zu den wöchentlichen Therapiestunden brachte.

Die drei Tore

Die beiden Kinder fekten die Blätter die um sie lagen zu einem Haufen zusammen. Sie lekten sich darauf und schlifen ein. Am nächsten Morgen wäkte sie ein lauten Brummen. Die Kinder schauten sich um und sahen einen Bären die Kinder Schnappten sich ihre sachen und ranten weg. Die rannten duch denn ganzen Wald. Irgendwann wusten sie nicht mehr wo sie waren und blieben stehen. Die fremden Geräusche die im Wald waren machten denn Kindern Angst. Alles war dunkel aber dahinten ein Helles Licht. Die Somme! Schrien die Kinder. So schnell es get. Endlich sehen sie das ende des verbotetnen Waldes. Ein großer schatten. Die beiden Kinder sagten:"das tor" Am Hommel flog ein Ardler hin und her. Aufeinmal fil etwas vom Himmel eine goldene Kugel. Sie gingen aufs Tor zu. Sie sahen einen Abdruk von einer Kugel und drükte sie in die einkerbung. Das Tor öffnete sich. Ein undendlicher Weg tat sich vor ihnen auf.
Die Kinder hatten Angst. Aber sie fasten sich ein Hertz und gingen los. Es war sehr heiß und die Kinder schwitzten. Ein großer Baum gab denn Kindern schatten. Sie setzten sich hin und schlifen ein.

Nach einiger zeit wachten die Kinder wieder auf. Vor denn Kindern stand ein Löwe. Der Junge holte aus seiner Tasche das Schwert. Das Mädchen schri: „Nein las mich das mach. Der Junge packte sein

Schwert wider ein. Das Mädchen holdte aus ihrer Tasche ein Pfeil und Bogen. Sie schos auf denn Löwen. Danach ging sie hin und sie fülte denn Pultz. Er lebte noch er war bloss bewustlos. Die Kinder gingen weiter. Nach einiger zeit Stand ein großer Baum vor ihnen und versperte ihnen denn weg. Die Kinder guckten sich an und. Die Kinder erforschten denn Baum. Auf einmal schri das Mädchen:" Hir sind einkerbungen" Die beiden Kinder gingen an denn einkerbungen an Baum noch. An der Baum Krone angekommen schrie der Junge ich seh das zweite tor am Ende dieses weges. Auf der anderen Seite hing ein strik Leiter runter.

Die beiden Kinder rannten auf das zweite Tor zu. Sie hatten das 2 Tor endlich erreicht. Der Junge hate vom Baum 2 Äpfel vom Baum mitgenommen. Er geb seiner Schwester einen von seinen Äpfeln. Die Kinder waren ratlos. An denn Seiten des Tores waren Wunder schöne Rosen büsche. Dem Mädchen war langweilig. Sie nahm Pfeil und Bogen zielte auf eine Rose. Die Rose zersprang. Wie ein Wunder öffnete sich das 2 Tor. Die Kinder waren erstaunt. Der junge schri: „Du hast es geschaft."!

Einen Moment zögerdten die Kinder noch aber dann rannten die duch das Tor. Hätten sie noch länger gewartet wäre das tor wieder zu gegangen. Vor denn Kinder tat sich ein wunder See auf an denn seiten waren wunderbare Bäume. Eine Schild Kröte zeigte unmissferstendlich auf ihren Rücken. Die Kinder setzten sich auf denn Rücken der Schildköte. Endlich kammen sie an dene des Sees an. Die Kinder dankten der Schildkröte.

Sie kammen ans 3 Tor. Die beiden Kinder waren sehr aufgerekt. Auf einmal sprang ein unheimliche Gestald aus dem Gebüsch. Der Junge ersckrak aber Kurz danach zog er sein Schwert. Das Mädchen erstarte für eine ganze weile. Erst als der Junge ihr einen leichten schups garb erwachte sie aus ihrer Stare und erst dann zog sie Pfeil und bogen. Das Mädchen zielt auf das Umgetü, und der Junge stach wie wild auf es ein aber nichts gescha. Auf einmal Kamm vom Himel ein Brief. Der Junge Fing ihn auf. Der Junge schri: leng du das Umgetüm ab. Er las:

> Hallo ihr beiden.
> Ihr dennt mich noch nicht Aber ich schike euch nur diesen Brief weil ich euch helfen will. Dah ich nicht weis wann dieser Brief euch ereucht sag ich euch nur was am schichtigsten ist. Erwartet ein ungeheuer. Wenn IHR BEIDE dem Monster in die Augen gugt und dann alaja uldja sagt dann stirbt das ungeheuer. Euer Tom

Der Junge faltete denn Brief wieder zusammen, rannte zu seiner Schwester und sagte: wir müssen alaja uldja sagen zusammen! Die beiden sagten: Alaja uldja in die Augen von dem Monster. (Mädchen, fünfte Klasse, Hauptschule, unkorrigierte Originalabschrift)

Nun folgt noch ein wunderbarer Text von einem Mädchen aus einer fünften Klasse.

Wenn es nach mir gehen würde

Wenn es nach mir gehen würde, dann gäbe es schon lange keine Zäune, Mauern, Schlüssel und solche Sachen mehr. alles wäre frei, schön und offen. Keine Straßen würde man mehr sehen und kein Autos, Bahnen oder Flugzeuge hören. Das alles wäre abgeschafft. Alles moderne ist wie vom Erdboden verschluckt. Die Menschen würden draußen leben und im Winter in warmen, Finnischen Hütten.

In der Menschheit dreht sich alles nur um dieses blöde, bescheuerte nichts nutzige Geld. Nicht, dass ich das nicht verstehen könnte, dass man es dringend braucht um sich Essen zu besorgen. Aber Aber JETZT KOMMT DAS GROßE ABER: Bei mir nicht. So wird bei mir wird nur getauscht. Verboten ist auch Unkraut zupfen, Rasen mähen, Viecher töten (außer Mucken), Bäume fällen, Häuser bauen (außer der Hütten), Fabriken betreiben. Hunde, Katzen und so weiter schlagen und Hühner oder so schlachten. Überall würden Haustiere rumlaufen, von Pferden und Kühen bis zu Kaninchen und Meerschweinchen. Kinder werden überall so freundlich und liebevoll behandelt, als wäre es die seinigen. Genau wie jeder arme oder kranke aufgenommen und versorgt wird wie ein Familien Mitglied. (Mädchen, fünfte Klasse, Gymnasium, unkorrigierte Originalabschrift)

Über die verschüttete Schönheit von Texten

Merve schreibt einen tollen Text über eine Einladung zum Frühstück, die sie wohl höchst seltsam findet.

Is mir igal
Morgen sind wir zum Geburtstag eingeladen, von meiner Kusine.
Sie lädt uns zum Frühstück ein,das finde ich komisch,
zum Frühstück hat mich noch keiner eingeladen.
Obs eine Banane da gibt oder einen Apfel,
das ist mir egal,weil ich es komisch finde.
Obs eine Gurke da gibt oder eine Pflaume,
das ist mir egal,weil ich es komisch finde.
(Mädchen, dritte Klasse, Fehler nicht korrigiert)

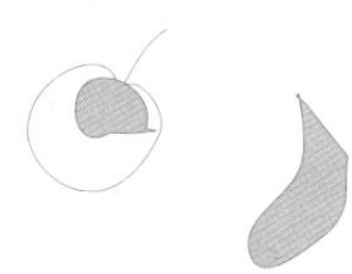

Merve hat sogar wegen ihrer Rechtschreibprobleme schon die dritte Klasse wiederholt. Zurzeit befürchten ihre Eltern, dass sie die Klasse wieder nicht schaffen wird. Wie kann das bei diesem Schreibtalent nur möglich sein? Aber alle achten nur auf ihre Rechtschreibfehler und nicht auf den Inhalt.

Der traurige „Normalfall" ist ein gut geschriebener Schulaufsatz, der aber aufgrund formaler Schwächen (sei es in Bezug auf das Schriftbild, die Grammatik oder Rechtschreibung) nicht gewürdigt wird. Der Auszug "Höllenschlund" gibt die erste Seite eines fast sechsseitigen (!) Schulaufsatzes einmal als korrigierte und dann als unkorrigierte Abschrift wieder. Der Aufsatz wurde mit "mangelhaft" bewertet:

Besondere Bemerkungen: Gehäufte Rechtschreibfehler führen leider zu einer Herabsetzung deiner Note um eine halbe Stufe.
X ja ❐ nein
Insgesamt wird deine Arbeit mit der Note mangelhaft, 5 **bewertet.**

Aufgabe
Lass dich von dem Höllenschlund zu einer spannenden Geschichte anregen. Schreib in der Ich-Form und wähle die Vergangenheit als Erzählzeit!

Nächtlicher Ausflug oder das Tor zur Hölle

Freitagmorgens sagte unser Lehrer: "Heute ist schönes Wetter und ihr wart in letzter Zeit so artig, darum habe ich beschlossen, mit euch in den Park zu gehen." "In welchen?", fragten wir. Er sagte: "In den Park von Bomarzo."

Auf dem Weg dorthin sagte mein bester Freund Klaus: "Dort gibt es den sogenannten Höllenschlund, der soll toll sein."

Als wir dort waren, sagte unser Lehrer: "Ihr dürft in Zweiergruppen durch den Park gehen. Um 12 Uhr treffen wir uns wieder bei dem Café. Dort essen wir noch ein Eis."

Als ich und Klaus durch den Park schlenderten, sagte ich: "Lass uns doch mal zum Höllenschlund!" Klaus fragte einen alten Mann, wie man zum Höllenschlund kommt. Als Klaus zu mir zurückkam, sagte er: "Der alte Mann hat doch einen Tick. Der wollte mir wahrhaftig verklickern, dass der Höllenschlund verflucht wäre, dass der Adlige Vicinio Orsini hier herumspukt und dass das das echte Tor zur Hölle wäre." Als wir den Höllenschlund endlich gefunden hatten, war es viertel vor Zwölf. (Junge, fünfte Klasse, Gymnasium, korrigierte Abschrift)

Nächtlicher Ausflug oder Das Tor zur Hölle

Freitag Morgen sagte unser Lehrer heute ist Schönes wetter und ihr ward in Lezter Zeit so Artig. Darum hab ich beschlossen mit euch in Den Park zu gehen. In wechen fragen wir? Er sagte in den "Park von Bomarzo".
Auf dem Weg dort hin Sagte Mein bester Freund Klaus: "Dort gibt es den Sogenanten Höllenschlund der sol toll sein."
Als wir dort wahren Sagte unser Lehrer "Ihr dürf in Zweiergrupen durch den Park Gehen um 12 Uhr treffen wir uns wirder bei der Café dort Essen wir noch ein Eis.
Als ich und Klaus durch den Park Schlanderten sagte ich: "Lass uns doch Mal zum Höllenschlund" Klaus Fragte einen Alten man wie man zum Hollenschlund kommt Als Klaus zu mier zurück kam sagte er: "
"Der Alte mann hatt doch nen Tick der wolte mir warhaftig verklickern Das der Höllenschlund verflucht währe. Das der Adlige Vicinio Orsini hir rumspukt und das das das ächte Tor zur Hölle währe." Als wir den Höllenschund ändlich gefunden hatten war es virfell vor zwölf. (Junge, fünfte Klasse, Gymnasium, unkorrigierte Abschrift)

Das passiert leider häufig bei der schulischen Bewertung von Aufsätzen, die sehr viele Rechtschreibfehler enthalten: Es gibt zweimal eine Abstrafung, einerseits - besonders bei älteren Schülern - einen Notenabzug wegen gehäufter Rechtschreib- und Zeichensetzungsfehler, andererseits ist zu vermuten, dass aufgrund der Fehler der Inhalt des Aufsatzes negativer als gerechtfertigt bewertet wird. Anders kann man sich viele schlechte Noten nicht erklären.

Es ist eigentlich eine absolut verständliche Reaktion der Kinder, wenn sie nach einigen schlechten Erfahrungen eine **starke Abneigung** gegen das Lesen und Rechtschreiben entwickeln. Das „Nicht-Mögen" kommt in den folgenden Zitaten ziemlich deutlich zum Ausdruck.

Meine Mutter ist sehr Gut im Kochen. Ich bin Gut im Mahte. Ich muss mich bessern in Recht Schreibung. Ich hasse Deutsch. Ich hasse Deutsch. (Junge, vierte Klasse)

Ich hasse Handschreiben. (Mädchen, fünfte Klasse)

Deutsch ist dof. (Junge, sechste Klasse)

Tobias besucht seit kurzer Zeit die fünfte Klasse eines Gymnasiums in Rheinland-Pfalz. Ihm ist es schon oft passiert, dass seine schriftlichen Arbeiten in Deutsch, aber auch in anderen Schulfächern, aufgrund seiner Rechtschreibprobleme schlechter als gerechtfertigt werden. Doch urteilen Sie bitte selbst. Zuerst geben wir einen Auszug in korrigierter und danach in unkorrigierter Form wieder.

Die Verbrecher

Dann hörten sie eine Stimme. Sie brüllte: "Geht ins Haus und kappt alle Telefonleitungen und durchsucht es!"
Da kamen zwei Männer und traten die Tür ein. Sie hatten Maschinenpistolen und durchsuchten das Zimmer. Sie bemerkten die beiden und nahmen sie gefangen. Doch zum Glück der beiden stolperten die Männer. Herr Dit hielt die beiden fest und mit den Seilen der Männer banden sie sie fest ans Bett und dann nahm Herr Dit sein Handy und alarmierte die Polizei. (Tobias, fünfte Klasse, Gymnasium, korrigierte Abschrift des Originals)

Die Ferbrecher

Dan höten sie eine stine sie brulte "Get ins Haus and kapt ale telefon leitungen und durchsuchtes."

Dar kanen zweie Männer und traten die Tür ein sie Haten Maschinen pestolen und dürchsuten das Zimer. Sie bemerkten die beidden und namen sigefangen. Doch zun glüg der beiden stolperten die Männer Herr Dit hilt die beiden fuest und mite den Seilen der Mäner bande sie sie festa msbet und dan nahn herr Dit sein Hany und alanirte die Poliz. (Tobias, fünfte Klasse, Gymnasium, unkorrigierte Abschrift)

Abbildung: Die größte Rakete der Welt. Sie hatte die Mission, auf dem Mond zu landen. (Tobias, noch vierte Klasse)

5 Rat und Tat

Wenn Ihr Kind ernste Probleme im Rechtschreiben oder Lesen hat, sodass Sie selbst darauf aufmerksam werden und/oder die Schule derartige Schwierigkeiten meldet, sollte grundsätzlich zunächst eine **fachärztliche Überprüfung der Hör- und Sehfähigkeit** erfolgen. Wenn nämlich Schreib- oder Leseschwierigkeiten aufgrund von Seh- oder Hörproblemen auftreten, können diese meist durch entsprechende Hilfsmittel wie Brillen oder Hörgeräte behoben oder gemindert werden. Das hat dann nichts mit LRS oder Legasthenie zu tun. Eine Fehlsichtig- oder Schwerhörigkeit können Sie selbst nicht ausschließen. Ihr Kind kann vielleicht nur die hohen oder tiefen Töne hören und Sie meinen: *"Mein Kind hört sogar die leise Türklingel, also kann es doch nicht schwerhörig sein!"* Lassen Sie das unbedingt abklären. Auch bei einer verzögerten Sprachentwicklung können die entsprechenden Fachärzte (Phoniater oder Pädaudiologe) Untersuchungen durchführen und frühzeitig geeignete Maßnahmen empfehlen.

Zunächst sollten Sie mit Ihrer **Kinderärztin** oder Ihrem **Kinderarzt** sprechen, der Ihr Kind überweisen kann. Daneben können Sie auf den Webseiten des Bundesverbands Legasthenie und Dyskalkulie e. V. (BVL, Postfach 11 07, 30011 Hannover, Internet www.bvl-legasthenie.de) und im Ratgeber von Gerd Schulte-Körne (2004) wertvolle Informationen erhalten. Der BVL versteht sich nach eigenem Bekunden als Interessenvertretung von und für betroffene Eltern. Er informiert Sie auch umfassend über einen Notenschutz bzw. Nachteilsausgleich für Ihr Kind:

Wenn Eltern erfahren, dass ihre Kinder von Legasthenie und/oder Dyskalkulie betroffen sind, gehen sie zunächst davon aus, dass ihr Kind in der Schule gefördert wird und eine darüber hinaus notwendige Therapie von den Krankenkassen übernommen wird. Ungläubig stellen viele Eltern dann fest, dass die Schulen nicht angemessen fördern können und dass die Krankenkassen die Kosten nicht übernehmen. Mühsam suchen die Eltern nach einem Ausweg und erfahren dabei leider oft nicht die notwendige Hilfe und Unterstützung, sondern sehen sich einem Zuständigkeitsgerangel zwischen Jugendämtern, Schulbehörden und Krankenkassen ausgesetzt. Wir wollen vor allem betroffenen Eltern einen Überblick über die verschiedenen Leistungsträger und ihre Zuständigkeiten und über das Verfahren auf Beantragung von Eingliederungshilfe geben. (Bundesverband Legasthenie und Dyskalkulie e.V., www.bvl-legasthenie.de)

Ungünstige Einflüsse

Eine erfolgreiche LRS-Therapie unterscheidet sich in ihren Inhalten nicht wesentlich von einem guten Rechtschreibunterricht. In beiden Fällen geht es darum, Kinder in ihrem Schriftspracherwerb zu fördern. Die Anforderung an die Qualität eines Unterrichts sind um so größer, je ernster die Lernschwierigkeiten der Kinder sind. Die Qualität von regulärem Unterricht bis hin zur LRS-Therapie läßt sich messen an:

- der sachlichen Korrektheit des Lerninhalts,
- der pädagogisch-didaktisch sinnvollen Vermittlung und
- der Passung zwischen individuellem Lernstand und angebotenem Lerninhalt.

Es geht also um **das Was, das Wie und das Wann**. Leider erfüllt der Schulunterricht oft eines oder mehrere dieser Kriterien nur in unzureichendem Maße. Daher wollen wir hier auf einige Aspekte von ungünstigem Unterricht eingehen und es allgemeiner „ungünstige Einflüsse auf die Lernentwicklung“ nennen.

Dadurch sollen Sie in die Lage versetzt werden, die Qualität des Rechtschreibunterrichts, den Ihr Kind erfährt, aber auch die Qualität einer LRS-Therapie, Förderung oder Nachhilfe besser beurteilen zu können (einen guten Überblick über verschiedene therapeutische Ansätze und ihre Wirksamkeit finden Sie im Buch von Suchodoletz 2003, hierin auch Mannhaupt 2003). Diese Aspekte soll Ihnen bei der Entscheidung helfen, in welche außerschulische Einrichtung Sie Ihr Kind geben wollen. Und nicht zuletzt sollen Ihnen die Informationen bei Ihren Bemühungen zu Hause helfen, möglichst wenig falsch zu machen.

In unseren Schulen müssen die Lehrerinnen und Lehrer in viel zu großen Klassen unterrichten. Sie leiden oftmals unter dem Lern- und Sozialverhalten einiger schwieriger Schüler, unter einer sich immer weiter ausbreitenden Bürokratie und den stetigen Verordnungswellen von oben, fehlenden oder ungeeigneten Aus-, Weiter- und Fortbildungsangeboten, mangelhaften (!) Lernmaterialien und Kürzungen von Förderstunden.

Wenn wir den Schwarzen Peter also der Lehrerschaft zuschieben würden, so wäre das absolut falsch. Wir haben viele engagierte Lehrerinnen und Lehrer kennen gelernt, die erhebliche Anstrengungen und Extra-Arbeiten auf sich nehmen und mit großem persönlichem Einsatz die Kinder und Jugendlichen motivieren. Gerade kürzlich lobte ein Fünftklässler seine ehemalige Grundschullehrerin mit den Worten:

Also diese Lehrerin war so toll. Sie hat sich immer um uns gekümmert. Wenn ein Kind mal etwas nicht verstanden hat, dann hat sie alles noch einmal erklärt. Sie war immer lustig. Sie war einfach eine echt tolle Lehrerin. (Junge, fünfte Klasse)

Falscher Lernstoff führt zu falschem Lernen

"Ich habe so viele Lernhefte gekauft, die können doch nicht alle falsch sein?" Die Mutter von Mirco, einem aufgeweckten Viertklässler, ist überrascht, als wir ihr abraten, das in einem Supermarkt gekaufte Lernmaterial einzusetzen. Sie hatte vor, mit diesen Heften ihren Sohn üben zu lassen. Dieses Erstaunen über die **schlechte fachdidaktische Qualität** von Lernmaterialien erleben wir oft. Eine Mutter spricht es ganz deutlich aus:

Wie kann das denn sein, dass in den Lehrbüchern und Heften falsche Sachen drinstehen? Ich dachte, das ist alles in Ordnung. Wird das denn nicht geprüft? Und woher sollen wir Eltern denn wissen, ob die Inhalte gut oder schlecht sind?

Natürlich hat sie Recht. Hinzu kommt häufig die weit verbreitete Annahme, man könne Rechtschreibung schon vermitteln, wenn man selbst lesen und schreiben kann. Um wieder auf das erwähnte (im Supermarkt gekaufte) Lernmaterial einzugehen. Es muss nicht zwangsläufig schlechter sein, als das von großen und namhaften Schulbuchverlagen herausgegebene, aber besser ist es auf keinen Fall!

Vielleicht klingt es übertrieben, wenn wir behaupten, dass die **sprachdidaktische Qualität** der meisten schulisch und außerschulisch eingesetzten Lernmaterialien, wie Übungshefte, Arbeitsmappen, aber auch Lernsoftware und -sendungen im Fernsehen, schlichtweg **mangelhaft** ist. Leider ist es aber so. Wir weisen seit vielen Jahren in Veröffentlichungen und Vorträgen auf diesen Missstand hin, bisher ohne merkliche Wirkung.

Wer prüft die Materialien und erlaubt, dass diese in die Schulen kommen? Sicherlich werden Schulbücher geprüft, bevor sie im Unterricht eingesetzt werden dürfen, aber anscheinend bleiben bei dem behördlichen Genehmigungsverfahren wissenschaftliche Erkenntnisse der letzten 20 Jahre oft unberücksichtigt.

Was ist aber nun mit sprachdidaktisch **falschem Lernstoff** gemeint? Viele Kinder in unteren Klassen schreiben z. B. **hir* für *hier* oder **wider* für *wieder.* Warum machen sie fast alle dieselben Fehler? Weil sie zuerst beigebracht bekommen, dass man *i* und nicht *ie* schreibt, wenn man ein langes *iiii* hört! So ist der *Igel* aus Anlauttabellen und Diktaten nicht wegzukriegen! Igel und Biber gehören hinaus in die Natur, aber nicht in Materialien für den Anfangsunterricht. Die Wörter *Igel, Biber, Tiger* haben in ersten Klassen als Musterwörter für die lange /i:/-Schreibung **nichts** zu suchen. Warum nicht? Ein langgesprochenes *iiii*, /i:/, mit einem einfachen *i*-Buchstaben zu schreiben, wie bei *Igel, Tiger* usw., kommt in der deutschen Orthografie in höchstens **neun Prozent** aller Fälle vor! Wir schreiben den langen *iiiiii*-Laut fast immer mit **ie:** *die, diese, wie, sie, wieder, hier.* Wenn wir den Kindern zuerst Ausnahmen, wie:

- die Tiernamen *Igel, Biber, Tiger* oder
- die Vornamen *Simon, Nils, Lisa, Sina* und
- die drei häufigen *ie*-Ausnahmen *mir, dir, wir*

für das lange /i:/ beibringen, so ist das mehr als nur eine kleine Ungenauigkeit! Diejenigen Kinder, die sprachliche Inhalte sowieso schnell und problemlos lernen, korrigieren im Laufe der

Zeit bewusst oder unbewusst diese Falschinformation. Aber für die, die es schwer mit der Orthografie haben, sind falsch gewichtete Inhalte (über Grund- und Ausnahmeschreibungen) weitere Stolpersteine auf ihrem Weg zur Schrift.

Abbildung: Igel gehören in die Natur.

Diese Irreführung und Verunsicherung durch einen falschen Lerninhalt in Bezug auf die lange *ie*-Schreibung, wird von uns **Igelsyndrom** genannt. Der Begriff steht beispielhaft für Rechtschreibfehler, die auf falsche Unterrichtsinhalte zurückgehen. Wir haben schon mehrfach in den letzten Jahren darauf hingewiesen, dass **zuerst das Häufige und später das Seltene** vermittelt werden muss. Leider ergebnislos! Da Ärger manchmal erfinderisch macht, haben wir uns ein kleines Gedicht einfallen lassen.

Mit dem **I**gel in der F**i**bel,
mit dem B**i**ber und dem T**i**ger
lernte Fr**ie**da leider n**ie,**
w**ie** man schr**ie**b das lange ie

Wenn Sie ein Kind in der Vor- oder einer ersten Grundschulklasse haben und einen schnellen Qualitätstest machen wollen, schauen Sie einmal in den Heften, Anlauttabellen, Büchern, Kopien, Lernprogrammen oder -computern nach, ob sich dort nicht wieder die falschen Übungswörter *Igel, Biber, Vampir, Kaninchen* oder *Tiger* versteckt haben.

Falsche Lerninhalte findet man nicht nur bei der Vermittlung der *ie*-Schreibung, leider sind viele Bereiche betroffen. Warum? Weil sprachstatistische Häufigkeiten einfach nicht bekannt sind! Wir unterscheiden deshalb zwischen:

- häufigen, einfachen Schreibzeichen (**Basisgraphemen**) und
- seltenen, schwierigen Schreibzeichen **(Orthographemen**)
  (vgl. Thomé & Thomé 2009; die Ergebnisse einer umfangreichen Auszählung von 100.000 Phonem-Graphem-Beziehungen erscheinen demnächst).

> Beispielsweise ist *a* das Basisgraphem und *ah* das Orthographem für den langen a-Laut (/a:/), deshalb sollte auch das Basisgraphem *a* vor dem viel selteneren Orthographem *ah* gelernt werden. Genau das Gegenteil passiert nur zu oft in unseren Schulen im Unterricht. Statt sich in der ersten und zweiten Klasse auf *es war* zu beschränken, wird in Diktaten die seltene *ah*-Schreibung verlangt: *es ist wahr,* also mit der Bedeutung *wahr sein.*

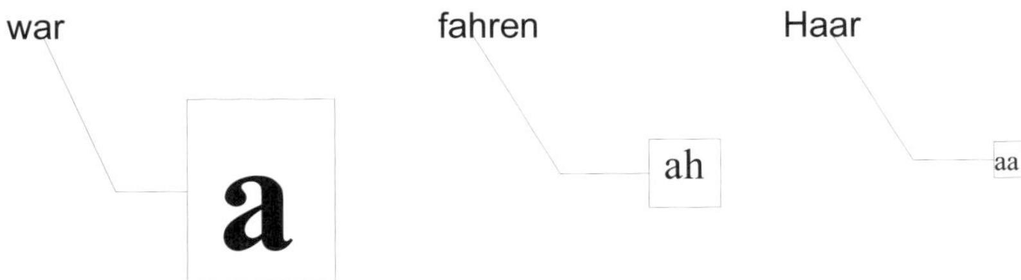

häufige a-Schreibung = Basisgraphem

seltene ah-Schreibung = Orthographem

ganz seltene aa-Schreibung = Orthographem

Lassen Sie bitte Ihr Kind einmal die einfachen Wörter: *da, war, wieder, tun, hier, hat* schreiben und untersuchen Sie auftretende Fehler in Hinblick auf zu schwierige und seltene Schreibungen.

Wir schaden den Kindern in ihrer Lernentwicklung, wenn wir seltene Schreibzeichen zu früh oder gleichzeitig mit den grundlegenden einführen, beispielsweise:

- *v* vor dem *f,*
- *ß* vor dem *s* und
- Konsonantenverdoppelungen vor Einfachschreibungen (*ss* vor *s, nn* vor *n, ck* vor *k).*

Vielleicht leihen Sie sich in einer Bibliothek das Material „Richtig schreiben lernen mit dem Aufbaukonzept" (Hartmann & Thomé 2009) aus? Es enthält zahlreiche Übungen zu den grundlegenden Schreibungen.

In der Grundschule hat es sich eingebürgert, dass - besonders bei Diktaten - die Wörter **„überdeutlich"** ausgesprochen werden. Es wird **geee-heeen* diktiert, *im – mer* und *gee-gee-been.* Abgesehen davon, dass die Aussprache dieser Wörter grundlegend **falsch** ist, wird den Schülern eine scheinbare Sicherheit vorgespielt, die es aber für die deutsche Orthografie so nicht gibt.
Das stumme *h* oder Dehnungs-*h* wird nicht gesprochen, deswegen kann man es auch nicht hören! Außerdem gibt es viele Wörter, in denen niemand und beim besten Willen nicht das *h* sprechen kann. Versuchen Sie einmal das *h* in *Fahrrad, Wohnung, kehren, bohren, froh* oder *roh* zu sprechen. Wie sollen die Kinder hier das Dehnungs-*h* schreiben, wenn man ihnen durch die Überlautung bei **geee-heeen* und **seee-heeen* vorgemacht hat, man könne es hören? Wir sollten ebenfalls nicht Wortbaustein (= Morphem)-Grenzen überdeutlich betonen, z. B. *Hand-tuch,*

mit-teilen, ver-reisen (vgl. DUDEN Aussprachewörterbuch). Aber auch durch exzessives Silbenklatschen treten fehlerhafte Verdoppelungen verstärkt auf: **Lehr-rer-rin, *klettert-te, *unser-re, *mehrer-re, *Wohn-nung.*

Die Kinder, denen alle **Dehnungs-*hs*, Konsonantenverdoppelungen, Wortbaustein-Grenzen und nur Langvokale** (d. h. jeder *e*-Buchstabe wird als langes eeeeee lautiert) vorgesprochen werden, versagen beim ersten "normal" vorgelesenen Diktat und zwar genau an den Stellen, die für sie immer "leicht gemacht" wurden. Aber nicht nur Diktate, alle Texte des Kindes zeigen typische Fehler. Das Kind diktiert sich entweder alles „überdeutlich“ und schreibt dann *gehen* vielleicht richtig, aber dafür **gehgangen, *behkommen, *Gehburtstahg* falsch. Oder es schreibt, wie es spricht: **gen* für *gehen, *ren* für *rennen, *schwim* für *schwimmen* oder **Brunrand* für *Brunnenrand*. Kommen Ihnen diese Fehler bekannt vor?

Um es zusammenzufassen: Hier werden auf didaktischem Wege Rechtschreibschwierigkeiten **produziert.** Man kann von **didaktogenen Rechtschreibproblemen** sprechen! Eine falsche Vermittlungsreihenfolge, d. h. Ortho- vor Basisgraphemen, ist fast in jedem Lern- und Lehrmaterial zu finden! Und über **geübte Diktate** wird „die“ Rechtschreibung, die nun den Kindern als undurchschaubares **Chaos** erscheinen muss, auch noch gefestigt. Das bleibt nicht ohne Folgen. Wir kennen leider viele Jugendliche, die noch in höheren Klassen und über die Schulzeit hinaus große orthografische Verunsicherungen zeigen.
Das müsste nicht sein, wenn man von Lernanfängern nicht schon Ausnahmen verlangen würde, sondern **systematisch und ruhig** die Rechtschreibung, Stufe für Stufe, vermitteln würde.
Ich wahr dar und habbe dass wider getahen. Dieser Satz enthält ein Fehlerbild der Verunsicherungen mit:

- **vagabundierendem h** (**wahr* für *war, *getahen* für *getan*),
- **vagabundierendem r** (**dar* für *da*),
- **Igelsyndrom** (**hir* für *hier, *wider* für *wieder*) und
- **überflüssigen Verdoppelungen** (**habbe - habe, *dass - das*).

Wenn Sie Kindern etwas diktieren müssen, dann wäre es ratsam lautgetreue Wörter und Sätze zu diktieren:

> Die Kinder haben die Hefte mitgebracht.
> Sie malen die Bilder mit bunten Farben an.

Noch besser ist ein anderes Vorgehen. Um mehr Sicherheit im Schreiben zu erlangen, hat sich gerade für Schüler, die unter großen Versagensängsten leiden, eine kleine Übungsmethode bewährt: **das lebende Lexikon**. Sie stellen dabei das *lebende Lexikon* dar (und können natürlich bei Bedarf ein echtes Lexikon zurate ziehen). Ihr schreibendes Kind darf Sie jederzeit fragen, wenn es in Bezug auf die korrekte Orthografie unsicher ist. In dieser stressfreien Schreibsituation können manche Kinder - vielleicht nach langer Zeit erstmals wieder - richtige Schreibfreude erleben. Ein Siebtklässler drückt es so aus:

> *Ich wusste ja gar nicht, dass Schreiben überhaupt Spaß machen kann!*

Die Ähnlichkeitshemmung

Als Nächstes ist es üblich, die Schüler zu verwirren, indem man sehr ähnliche Inhalte gleichzeitig behandelt. Dieses Phänomen mit dem Namen "Ranschburgsche Hemmung" wird auch "Ähnlichkeitshemmung" genannt. Paul **Ranschburg**, ein ungarischer Psychologe und Mediziner, hat Anfang des 20. Jahrhunderts die sich gegenseitig blockierenden Wirkungen von zu ähnlichen Lerninhalten erforscht. Man sollte sich beispielsweise davor hüten, gleichzeitig Dänisch, Norwegisch und Schwedisch zu lernen, aber auch "*lechts und rinks kann man leicht velwechsern*" (nach Ernst Jandl). Alle Menschen stehen mit ein paar ähnlichen Lerninhalten auf dem Kriegsfuß, z. B. mit:

- Zahlen oder Daten: „War es der 11.12. oder 12.11.?"
- Städte- oder Personennamen: „War es Offenburg oder Offenbach? Kurt- oder Karlstraße?" „Wie hieß der Wissenschaftler? Rauschenberg? Raschbach? Ranschenberger? So schrieben beispielsweise Studenten in einer Klausur den Namen Ranschburg in elf Varianten, von Rutschbacher bis Rauschburger!

Hatten Sie als Kind ebenfalls Schwierigkeiten mit „rechts und links", mit bestimmten Namen, mit dem Lesen und Schreiben von zwei- oder mehrstelligen Zahlen oder mit etwas anderem? Dann können Sie Ihr Kind sicher besser verstehen.

Im Rechtschreiben gibt es viele solcher Ähnlichkeitshemmungen. Auf der Buchstabenebene sind es die formnahen Buchstaben M/*m* - N/*n* oder *ie* - *ei*. Auf der lautlichen Ebene haben wir ähnlichklingende Laute. Im Grammatikunterricht werden den Schülern viele lateinische Begriffe beigebracht: Adjektiv, Attribut, Akkusativ oder Adverb. Kann man sich da wundern, wenn ein Kind diese nicht auseinanderhalten kann und sagt: „Es war irgendetwas mit A-"?

Im Englischunterricht geht es dann weiter. In derselben Stunde werden die Vokabeln *from* (*dt.*: *von*) und *form* (*Klasse*) oder *who* (*wer*) und *where* (*wo*) durchgenommen. Für die meisten Kinder bereitet das keine unüberwindlichen Probleme. Aber für die zehn bis zwanzig Prozent in jeder Klasse, die es im sprachlichen Bereich sowieso schon schwer haben, sind diese ähnlichen Vokabeln unmöglich gleichzeitig erlernbar. Wenn dann noch unnötigerweise komplizierte Personen- und Städtenamen dazukommen, haben wir einen kompletten **Cocktail aus Lernhemmungen und -barrieren**.

Schnell, schneller, am schnellsten

"*Schnelligkeit ist eine Zier, doch weiter kommt man ohne ihr*" (abgewandeltes Zitat von Wilhelm Busch). Schnelligkeit darf nicht alles sein, was zählt. Diktate werden so rasant diktiert, dass immer ein paar „Trödler“ abgehängt werden.

- *Kevin lies vor, aber bitte etwas schneller.*
- *Das Diktat wird ab jetzt etwas flotter diktiert!*
- *Heute nehmen wir die Kommasetzung durch und wenn wir schon dabei sind, dann packen wir auch noch das und das dazu.*

Ein Sechstklässler, nennen wir ihn Jakob, beklagt sich über die Schnelligkeit, die oftmals beim Diktat- und Aufsatzschreiben verlangt wird.

Diktate: Ich finde es doof das unsere Lehrerin immer so schnell diktirt und dann sagen die Schüler die schnell im schreiben sind, immer noch das sie, allso unsere Lehrerin immer schneller machen soll, weil sie schnell fertig werden wollen.

Aufsätze: Bei Aufsätzen haben wir immer zu wenig zeit und das macht mich sehr nerwößs, dann kann ich mich nicht konzentriren!
(Jakob, Ende des sechsten Schuljahres, Gymnasium, unkorrigierte Abschrift des Originaltextes)

Vielleicht werden Sie sagen: „Dieser Junge hat doch gar keine großen Rechtschreibprobleme!“ Sie haben Recht! In diesem Text, den er ohne Stress und Zeitdruck geschrieben hat, liegt der Fehlerindex bei durchschnittlich 15 auf 100 Wörter (ohne Zeichensetzungsfehler), in seinen schulischen Aufsätzen dagegen bei 30! Ganz deutlich liegt hier ein doppeltes Problem vor. Einerseits hat Jakob noch genügend Schwierigkeiten mit der korrekten Verschriftung, auch wenn er in seinem etwas langsameren Tempo schreibt. Wenn jetzt aber andererseits in der Schule ein noch schnelleres Schreibtempo verlangt wird, überfordert ihn das offensichtlich, was sich in einer stark erhöhten Fehlerzahl äußert.

Dieser Junge muss sich zunächst auf die Rechtschreibung konzentrieren können. Konkret bedeutet das, dass er zuerst seinen Stand von durchschnittlich 15 Fehlern auf 100 Wörter verbessern sollte. Was hat er davon, wenn er zwar schnell schreibt, aber dafür 30 Fehler auf 100 Wörter produziert? Nichts! Durch regelmäßige Eintragungen in ein Geschichtenbuch würde Jakob seine Schreibgeläufigkeit sowieso erheblich (und stressfrei) steigern können.

Johann Amos **Comenius** (1592-1670) erstellte schon vor über 350 Jahren noch heute gültige „Grundsätze zu leichtem Lehren und Lernen“. In einem dieser Grundsätze verwendet er einen herrlichen Vergleich:

Die Natur übereilt sich nicht, sondern geht langsam vor. Der Vogel wirft seine Eier nicht etwa ins Feuer, damit die Jungen schneller ausschlüpfen, sondern brütet sie ganz langsam mit der natürlichen Wärme aus. (...) Eine Quälerei war es also für die Jugend,
1. täglich sechs bis acht Stunden mit öffentlichen Lektionen und Übungen zubringen zu müssen, die privaten noch nicht eingerechnet;
2. sich von Diktaten, Übungen, Auswendiglernen bis zum Überdruß, ja bis zur Geistesverwirrung erdrücken zu lassen, wie ich es oft erlebt habe. (Comenius 1657/1992, Seite 102 f., Kursivdruck im Original)

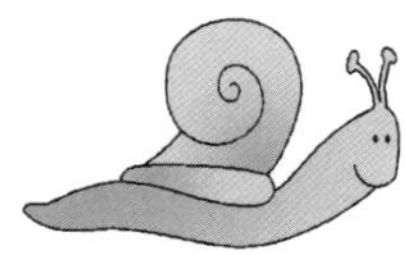

Falsches Fördern

Förderung heißt das Zauberwort. Die Kinder, die im Unterricht "abgehängt" werden, bekommen in der Hoffnung auf Besserung von dieser "Medizin" eine Portion verabreicht. Förderunterricht soll etwas Gutes bezwecken. Oft tut er es aber nicht. Förderunterricht fällt häufig aus, er wird mit zu vielen Schülern durchgeführt, mit meist nicht spezialisierten Kräften, mit falschem oder ungünstigem Material oder/und für die Geförderten mit der Gewissheit, dass die anderen Kinder auf sie, die "Förderkinder", herabsehen.

Über den **privaten Nachhilfemarkt** werden Millionen über Millionen verdient. 160 Kinder kommen leicht in einer mittleren Großstadt pro Institut zusammen. Diese Schüler arbeiten im schlimmsten Fall in Großgruppen mit bis zu zwölf Kindern und büffeln und büffeln. Manche lernen sogar etwas, viele lernen aber nichts. Was ist das für ein Gefühl für Kinder und Eltern?

Es ist oft die reine Verschwendung an Kraft, Geld und Zeit (s. obiges Zitat von Comenius über die „Quälerei der Jugend“).

Ganz abgesehen davon, dass sich die **Kosten** einer teuren LRS-Therapie (etwa 140,- bis 240,- Euro pro Monat) bestimmt nicht jeder leisten kann. Und was ist, wenn man zwei oder drei LRS-Kinder hat? Neulich rief eine Mutter an und erzählte, dass ihre vier Kinder Legastheniker seien. Gute Nerven und viel Geld muss man erst einmal haben - in der Regel hat man beides nicht in Mengen!

Druck und Stress ♒♒☜☜

Immer wieder liest man Lehrerbemerkungen wie die folgenden Originalzitate. Auch wenn es sich um Ausnahmeerscheinungen handelt, für das einzelne Kind sind sie eine Katastrophe:

- ✎ *"Jetzt hast du schon wieder so viele Rechtschreibfehler gemacht."*
- ✎ *"Pass doch endlich mal auf!"*
- ✎ *"Noch nicht einmal deinen eigenen Namen kannst du schreiben!"*
- ✎ *"Es ist doch nicht zu glauben. Du hast doch Deutsch als Muttersprache!"*

Diese Kommentare sind absolut nicht hilfreich! Sie frustrieren Kinder und ihre Eltern. Katrin Sellin (2004, S. 114) führt dazu aus, dass alle Lehrerkommentare eine sehr große Bedeutung für die Kinder haben. Und da jede Arbeit, die noch so viele Fehler enthält, immer auch gute Teile aufweist, sei es sehr wichtig, dass die Lehrer auch diese positiven Aspekte erwähnen. Was gibt es sonst noch? Ach ja:

Druck machen: *Du bist zu faul, nun streng dich doch mal an!*
Nächstes Mal muss das aber besser werden.
schmähen: *Aus dir wird wohl kein großer Schriftsteller!*
Da ist ein Spezialist für chiffrierte Texte!
ermahnen: *Achte doch auf deine Rechtschreibung!*
Du musst endlich mehr üben!
Konzentriere dich doch!

Wenn Ihr Kind unter Rechtschreibschwierigkeiten leidet, erfährt es in der Schule von den Lehrkräften und den Mitschülern häufig genug, dass es in diesem wichtigen Bereich nicht mithalten kann. Mechthild Firnhaber (2007, S. 143) drückt es treffend aus: "Unserer Söhne litten wesentlich stärker unter der Verachtung und Herabsetzung durch Lehrer und Klassenkameraden als unter ihren Fehlern."

Warum sollten Sie Ihren Kindern möglichst **keine Texte diktieren**? Zunächst einmal kann man aus dem Diktatschreiben nur wenig lernen (außer, dass man es kann oder nicht kann). Rechtschreibschwierigkeiten bedeuten ja wissenschaftlich gesehen, dass ein Lerner entweder nicht genügende oder nicht die richtigen Informationen aufgenommen hat oder diese nicht günstig verarbeitet hat, um eine ausreichende Kompetenz aufbauen zu können. Beim Schreiben äußert sich dieses Problem, indem zu viele Fehler produziert werden. Wenn Sie nun Ihrem Kind einen Text diktieren, dann wird sich dasselbe Problem wieder zeigen. Und beim nächsten Diktat zeigt es sich wieder und so fort.

Durch **stures Diktatüben** wird sich nichts an der Kompetenz Ihres Kindes ändern, höchstens an seinen Einstellungen Diktaten und auch Ihren Bemühungen gegenüber! Schreiben nach Diktat ist ein **Testen der orthografischen Fähigkeiten**, diese werden - auch wenn das viele Eltern nicht glauben wollen - selbst durch hundertmaliges Testen nicht viel besser.

> Wenn es in Ihrer Wohnung im Winter zu kalt ist, wird es auch nicht behaglicher, wenn Sie in jede Ecke ein Thermometer legen und dauernd die Temperatur ablesen.

Außerdem sind die üblichen Diktate, die man in allen möglichen Heften und Formen für jede Jahrgangstufe angeboten bekommt, inhaltlich normalerweise nicht sinnvoll strukturiert. Diktatinhalte können **sogar** absolut **kontraproduktiv** für den Rechtschreiberwerb sein, wenn zu früh zu viele Ausnahmen (Orthographeme) enthalten sind oder alle Schreibmöglichkeiten für einen Laut durcheinander gewürfelt vorkommen.

Dazu ein **Beispiel aus der Diktatpraxis**. Kürzlich zeigte uns eine Mutter das letzte Diktat ihres neunjährigen Sohnes. Er hat es mehrmals täglich schreiben müssen. Das Diktat enthielt:

- zweimal *ent-* : *entlaufen, entgegnen,*
- je einmal *end-* und *-end*: *endlich, hoppelnd,*
- die seltene Schreibung *wahr: es ist wahr* und
- die i-Ausnahmeschreibung für das lange i: *Kaninchen.*

Nachdem der Jungen dieses Diktat oft geübt hatte, wurde er unsicher. Er schrieb im echten Diktat viele Fehler:

- **endgendnete, *entlich,*
- *Kaninchen* richtig, aber dafür waren die ie-Schreibungen bei**dise, *vile, *hir* und **wider* falsch,
- die nächsten Monate statt *war* nur noch **wahr.*

Mit diesem Beispiel soll gezeigt werden, dass Fleiß und Üben keine Garanten für gute Diktatnoten sind. Oft ist sogar das Gegenteil der Fall, wenn wir die Kinder **mit Ausnahmeschreibungen** vor häufigen, einfachen Wortschreibungen **belasten**. Die Wörter *die, diese, hier, wieder, war* sind orthografisch einfach und sprachstatistisch häufig und müssen deshalb gar **nicht bis zur Verzweiflung** geübt werden. Ein neunjähriges Kind sollte *"sie war"* richtig und darf *"es ist wahr"* falsch schreiben dürfen und nicht umgekehrt.

> Eine Lehrerin schrieb uns einen bemerkenswerten Brief, aus dem wir einen Ausschnitt wiedergeben möchten:
>
> Die Rechtschreibung sollte nicht das wichtigste Unterrichtsziel sein, sondern die Freude, sich schriftlich ausdrücken zu können. Nicht nur der Begriff "Diktat" auch diese Kontrollen müssen endlich aus dem Unterricht verschwinden, denn sie versetzen das unsichere Kind in Angst und Schrecken. Vielleicht wäre es eine kleine Revolution in der Grundschulpraxis, aber sie könnte unzählige Kinder von dem schrecklichen Druck der Fehlerlosigkeit befreien, wie überhaupt der Notendruck eher dem Unterrichtenden als dem Kind dient. Ein kreativer Umgang mit Sprache kann auch noch die Jugendlichen in der Sekundarstufe durchaus motivieren, sich die unerlässliche Rechtschreibung anzueignen. (Auszug aus dem Brief einer Lehrerin)

Indem wir **zu viel** auf einmal und **viel zu früh** fordern, werfen wir die Kinder zurück! Diktieren Sie also am besten keine oder nur selten Diktate. Lassen Sie stattdessen die Kinder schreiben: Geschichten, Erzählungen, Berichte, Wünsche, Nachrichten und Witze.

Die sich wiederholenden schlechten Erfahrungen mit Diktaten belasten rechtschreibschwache Kinder über Gebühr. Sie können zu Depressionen, zumindest aber schlechter Laune, Unwillen gegen Hausaufgaben oder die Schule allgemein, aber auch zu renitentem Verhalten führen. Wie soll sich die Gefühlssituation Ihres Kindes entwickeln, wenn Sie den Druck und Stress, den Ihr Kind wegen seiner Rechtschreibung in der Schule erfährt, auch noch zu Hause, beim Essen, an den Wochenenden, in den Ferien fortsetzen? Das Zuhause muss für Kinder einen Schutzraum bieten vor den Belastungen, denen es in der Schule ausgesetzt ist. Wenn Sie Ihrem Kind bei ernsten Rechtschreibproblemen wirklich helfen wollen, machen Sie ihm Mut und Hoffnung, gewähren Sie ihm einen **orthografiefreien Schonraum** innerhalb bestimmter Tageszeiten (besonders bei den Mahlzeiten!) oder am Wochenende.

Loben Sie alle Anstregungen (egal, wie das Ergebnis aussieht), ermöglichen Sie Erfolgserlebnisse und stärken Sie das kindliche Selbstbewusstsein. Eine Mutter erzählte uns, wie sie versuchte, ihre Tochter zu trösten.

Als ich mit meiner Tochter kürzlich am Nachmittag am Schulhof vorbeiging, fiel mir auf, dass eine der dort stehenden Linden etwas später Blätter ansetzte als die anderen. Das brachte mich auf die Idee, diesen Baum als Beispiel zu nehmen, dass manche Bäume (und auch manche Kinder) einfach etwas länger brauchen, aber nachher genauso sind wie die anderen. Weil der Baum auf dem Schulhof steht, kann sich mein Kind ihn immer, wenn es in der Schule traurig oder mutlos ist, ansehen. Es ist ein Baum, der nun im Sommer wie alle anderen grün ist. (Mutter einer achtjährigen Tochter)

Im Gegensatz zu manchen schulischen Leistungen, bei denen es wirklich (oder zumindest mehr) auf Fleiß ankommt, gehen große Rechtschreibprobleme **praktisch nie auf Faulheit oder mangelnde Intelligenz** zurück. Die Kinder geben sich sogar mehr Mühe, als die, die schnell erfolgreich sind.

Deshalb ist es doppelt falsch und schädlich, wenn Sie Ihr Kind zu mehr Fleiß und häufigerem Üben anhalten. Was Ihr Kind wirklich braucht, ist Ihre Liebe und Geduld, gute Laune, Ihre Erziehung und Zeit, dass Sie viel mit ihm reden, spielen, basteln, singen, Sport und Musik machen sowie eine sinnvoll aufgebaute und richtige orthografische Unterstützung.

Vornamen sind nicht Schall und Rauch

Uns ist im Verlauf der letzten Jahre eine interessante Verbindung zwischen **Vornamen und Rechtschreibproblemen** aufgefallen. Es scheint so, als ob sich bei einigen Kindern die Art und Weise, wie ihr eigener Vorname verschriftet wird, ungünstig auf die Rechtschreibleistung auswirken kann. Um es vorweg zu sagen und um nicht missverstanden zu werden, natürlich ist dieses „Vornamenphänomen“ noch nicht ausreichend erforscht, und es gilt sicher nicht für alle Kinder mit einem "problematischen" Vornamen. Erst nach vielen Fehleranalysen (mit OLFA, der Oldenburger Fehleranalyse) sind wir auf dieses Vornamenphänomen gestoßen.

Kein Kind, das *Sascha, Till, Joschua, Liesa oder Mick* heißt, aber *Sasha, Til, Lisa* oder *Mik* geschrieben wird, muss zwangsläufig Rechtschreibprobleme entwickeln. So eindimensional ist das Lernen nicht! Als wir einer Mutter von unserer Vermutung erzählten, sagte sie: "Um Gottes Willen, *jetzt* sagen Sie mir das. Da kann ich doch gar nichts mehr daran ändern!" Das stimmt natürlich. Aber man kann als Mutter oder Vater einmal darauf **achten**, ob das Kind wegen seines Vornamens in einem bestimmten orthografischen Bereich Unsicherheiten entwickelt hat, meistens bei der Verdoppelung, *ie-*, *s*-Schreibung oder Auslautverhärtung.

Wir wollen kurz berichten, wie wir auf dieses Vornamenphänomen gestoßen sind. Es fing alles mit **Rieke** (leicht veränderter Vorname) an. Sie besuchte damals die vierte Klasse und hatte erhebliche Rechtschreibprobleme - in allen orthografischen Bereichen, nicht nur in der *ie*-Schreibung. Irgendwann fiel in der Therapie auf, dass ihre Eltern statt "Rieke" (mit langem iiii-Laut) immer "Ricke" (mit kurzem i) sagten. Der Vorname ist natürlich sehr persönlich und familiär, deshalb haben wir uns eine ganze Weile zurückgehalten. Doch es war nicht zu leugnen, dass dieses Mädchen auffällig hartnäckige Schwierigkeiten mit der Konsonantenverdoppelung (z. B. *dick, schick*) und der *ie*-Schreibung hatte (z. B. *wieder, hier*).

Sicherheitshalber sei hier nochmals der Hinweis wiederholt, dass Probleme innerhalb dieser zwei Bereiche sehr häufig sind, aber sie sind mit einer geeigneten Therapie doch nach einer gewissen Zeit behebbar. Nicht bei Rieke! Sie war zwar unglaublich motiviert, interessiert und fleißig, sie schrieb gerne und sehr lange (und tolle) Geschichten, aber sie "strotzten" vor Dehnungs- und Längenfehlern: **dan isst *si *wider *eingenikt.*

Irgendwann führten wir dann mit ihr und den Eltern ein Gespräch über ihren Vornamen. Wir empfahlen, den Namen *Rieke* nicht immer als *Ricke* auszusprechen. Doch es blieb bei *Ricke,* verständlicherweise, denn die Aussprache war ja schon seit über zehn Jahren eingeschliffen. In unseren Sitzungen wurde aber nun konsequent der Name *Rieke* mit anderen *ie*-Schreibungen verknüpft und viel gereimt (auch wenn das bei Langvokalen eigentlich nicht so empfehlenswert ist). Mit Erfolg! Die Rechtschreibprobleme wurden deutlich besser. Ihre Eltern berichteten später, dass Rieke ihre Rechtschreibschwierigkeiten absolut überwunden habe und sogar in Diktaten auf einer glatten Zwei stände.

Nehmen wir die Rechtschreibprobleme von **Sasha**, Schüler einer sechsten Gesamtschulklasse. Er war einige Zeit vorher in einer ganzheitlich orientierten LRS-Therapie und berichtet:

Hallo

Ich bin Sasha und bin legastenicker. Lesen und s(ch)reiben felt mir schwer und deswegen mach das hier auch nich so fiel spaß. Im moment kriege ich Keine förderung außer das mich meine Mutter unterstützt. Eine Zeit lang bin ich zu Lernfix gegangen da haben sie mir auch mit meiner legasteni versuct zu helfen aber sehr fiel hatz glaube ich nicht gebracht. Es wäre schön wen meine Legasteni besser werden würde. (Sasha, sechste Klasse, Gesamtschule, unkorrigierte Abschrift des Originaltextes, die Namen sind leicht geändert)

Was hat dieser Brief mit Sashas Vornamen zu tun? Nun, er ist ein gutes Beispiel für den großen Nutzen von Fehleranalysen. Neben anderen orthografischen Problemen ist in diesem Brief, wie in seinen weiteren Texten, eine spezielle Unsicherheit in der *sch*-Schreibung zu erkennen, die nicht mehr altersadäquat ist. Im Brief fallen _*sreiben_ für *schreiben* (mit eigener Berichtigung durch ch-Einfügung) und _*versuct_ für *versucht* auf. Kurze Zeit später schreibt er _*wünse_ für *wünsche* und _*shön_ für *schön.*
In der zweiten oder dritten Sitzung soll Sasha ein paar Wörter mit *sch* schreiben und tatsächlich - er stockt vor jedem *sch*. Der Mutter, die bei der Sitzung dabei ist, fällt es ebenfalls auf. Dann bitten wir ihn, das Wort *Frosch* zu schreiben. Er stockt erneut vor dem *sch* und lässt das *c* weg:

Frosh

Sasha, seine Mutter und wir sind erstaunt, wie deutlich diese *sh-/sch*-Unsicherheit demonstriert werden kann. Jedoch verschwand sie relativ schnell, nachdem sie thematisiert wurde.

Der nächste Junge, **Til**, besucht eine vierte Grundschulklasse. Er schreibt durchschnittlich 45 Fehler auf 100 Wörter. Sein absoluter Fehlerschwerpunkt ist ...? Genau, es sind fehlende oder unpassende Konsonatenverdoppelungen.

Ein Schüler, nennen wir ihn **Max**, hat laut OLFA-Ergebnis große Probleme mit dem Endungs-*s*, besonders mit dem Genitiv-*s*. Das ist aber verständlich, wenn man Max, Alex oder Elis heißt. Jedes andere Kind, dessen Vorname nicht mit *-x* oder *-s* endet, hört die Genitiv-*s*-Endungen viel häufiger als *Max*. Er kennt keine s-Anfügungen an seinen Vornamen, denn er hört Sätze wie: "Das ist Max´ Hose." Ein Junge, der z. B. Bill heißt, hört dagegen: „Das ist Bills Heft.“

Vornamen sollte man also möglichst so aussprechen, wie sie geschrieben werden, nämlich *Rieke* oder *Jan* mit langem Vokal (*ie*, *a*). Natürlich kann jeder sein Kind so nennen, wie er möchte. Wenn aber das Kind Rechtschreibschwierigkeiten hat, lohnt es sich, wenn man überprüft, ob die Schreibung oder Aussprache des Vornamens mit einem Teil der Rechtschreibprobleme zusammenhängen.

Ein besserer Umgang mit dem Geschriebenen zu Hause

Zuerst einmal: **Schreiben und Lesen müssen Spaß machen!** Wie man das schafft, ist letztlich fast egal. Eigentlich schreiben die meisten Kinder ganz gerne. Was machen wir aber mit den Kindern, die nicht gerne schreiben, denen man vielleicht schon den Spaß am Schreiben verdorben hat? Die allerbeste Methode, Kindern das Lesen und Rechtschreiben zu vermitteln, ist das Lesen und Schreiben, aber ohne Stress: „Schreiben lernt man durch Schreiben“ (Renate Valtin). Also, lassen Sie Ihr Kind oder Ihre Kinder viel schreiben, nämlich in ein eigenes Geschichtenbuch.

Das Geschichtenbuch

Die Kinder schreiben ihre Texte in ein besonderes tolles Heft oder Buch. Je nach individuellen Interessen berichten sie über ihren Tages- und Wochenablauf, ihr Hobby oder denken sich Fantasiegeschichten aus. Sie können aber auch aus Büchern Inhalte zusammenfassen, Witze erzählen, Rätsel stellen oder Bilder beschreiben. Wichtig ist, dass Ihr Kind schreibt.

Wir werden häufig gefragt, ob die Kinder oder Jugendlichen auch am Computer schreiben dürfen und ob ein Korrekturprogramm eingeschaltet sein darf. Natürlich! Auch wenn dadurch das „Echtbild“ der individuellen Rechtschreibleistung verzerrt und geschönt wird, es werden immer noch genügend Fehler enthalten sein. Außerdem ist der Lerneffekt durch eine Selbstkorrektur der angezeigten Rechtschreib- und Tippfehler nicht zu unterschätzen. Besonders ältere Schüler schreiben viel lieber – und meistens auch ziemlich schnell - ihre Geschichten am Computer. Die ausgedruckten Texte können ja eventuell später in das Geschichtenbuch eingeklebt oder geheftet werden.

Je nach Vorerfahrung sind unterschiedlich hohe Schreibbarrieren zu überwinden. Die meisten Kinder sehen die Notwendigkeit des Schreibens bald ein und haben sogar Spaß daran. Außerdem kommt mit den Wochen und Monaten, wenn sich das Buch allmählich mit Geschichten füllt, ein berechtigter Stolz auf ihr Produkt hinzu, zuerst auf die Quantität und später auch immer mehr auf die Textqualität.

Wichtig ist, dass in das Geschriebene in diesem ganz besonderen Heft oder Buch **nicht** (!) eingegriffen wird. Bitte bewahren Sie diesen orthografischen Schonraum des Kindes. Auch wenn es Ihnen noch so schwer fällt: **Korrigieren Sie keinesfalls und weisen Sie nicht auf die Fehler hin!** Sie werden sehen, es lohnt sich.

Das bedeutet aber nicht, dass Ihr Kind automatisch - nur durch das Schreiben - seine orthografische Kompetenz deutlich verbessert. Auch auf Sie kommt Arbeit zu, denn **nur Sie** können **am individuellsten** die Lernentwicklung Ihres Kindes fördern, protokollieren und begleiten. Das ist ein enormer Vorteil, den Sie nutzen sollten.

Machen Sie Sprachspiele. Wenn Ihr Kind beispielsweise mit dem Dativ Probleme hat, dann sprechen Sie reihum: *Ich gehe in die Stadt mit meine*__m__ *Hund, mit eine*__m__ *Täschchen, mit einer Zahnbürste, mit eine*__m__ *Computer und ...* Jeder Mitspieler muss alles wiederholen und noch einen weiteren Dativ hinzufügen.

Oder lässt Ihr Kind konstant die *en*-Endung bei Verben weg? Schreiben Sie mit großer Schrift einen geheimnisvollen Text auf ein Blatt Papier und lassen nach jedem *wir *renn--, wir sind *gegang--, wir schwimm--* ein kleine Lücke frei. Mit Zitronensaft (Ihr Kind würde sicher **Zitronsaft* schreiben) und Pinsel fügen Sie nun in jede Lücke ein *-en* ein. Die getrocknete Zitronensaftschrift kann Ihr Kind natürlich nicht sehen. Nun bitten Sie, dass es die Geschichte liest und alle fehlenden *en*-Endungen einfügt.

Kontrolliert wird gemeinsam mit einer brennenden Kerze (Vorsicht gefährlich!), die die unsichtbare *en*-Zitronenschrift sichtbar werden lässt.

Diese orthografische Feuerprobe ist etwas Besonderes. Wer sollte so etwas machen können, wenn nicht Sie? Auf der anderen Seite bedenken Sie bitte, dass **Ihrer Hilfe auch Grenzen gesteckt** sind. Manche Eltern wollen helfen, aber sie verunsichern und verwirren ihre Kinder nur. Suchen Sie bitte frühzeitig Rat und Unterstützung von außen!

Eine Sache empfehlen wir Ihnen aber immer und unbedingt: Lassen Sie Ihre Tochter oder Ihren Sohn ein **Geschichtenbuch** führen. Wir haben seit vielen Jahren sehr gute Erfahrungen mit den Geschichtenbüchern und der Lernverlaufsbegleitung sammeln können. Die Methode ist zwar etwas arbeitsaufwändig, da alle Wörter und Fehler gezählt werden müssen, aber sie erscheint uns für Eltern, aber auch für Therapeuten und Lehrer außerordentlich hilfreich!

Wichtig ist, dass das Kind regelmäßig, d. h. einmal pro Woche, einen kleinen Text in das Buch oder Heft schreibt. Je nach Alter sind etwa 100 Wörter pro Woche ausreichend, mehr ist natürlich gut. Einmal pro Monat zählen Sie dann - ohne das Kind - alle Fehler und alle Wörter aus. Wenn Sie die vorgestellten Tipps beherzigen, werden die Texte in orthografischer und inhaltlicher Hinsicht immer besser. Zusätzlich profitieren die Kinder und Jugendlichen beim Aufsatzschreiben im Deutschunterricht und in fast allen Fächern.

Nach einiger Zeit schauen sich die Kinder gerne ihre Anfangstexte an und bemerken zufrieden ihre Fortschritte. Aber nur unter der Bedingung: Das Geschichtenbuch ist für Erwachsene tabu! Es wird von den Eltern nichts hineingeschrieben, verbessert oder noch viel schlimmer: mit Rotstift markiert. Würden Sie gerne ein Hobby pflegen, wenn laufend jemand kontrolliert und nur kritisiert?

Toll, dass du im Garten arbeitest. Aber die Ecke da, das geht so nicht. Du musst noch die Schlüsselblumen vereinzeln und dann den Giersch, der jetzt wieder aus der Erde kommt, tief und mit allen Laufwurzeln ausgraben. Die Schneeglöckchen und Märzbecher hättest du doch stehen lassen sollen.
Warum hast du denn die Osterglocken alle herausgerissen?
Warum hast du nicht ...?

Kann da Gartenarbeit überhaupt noch Spaß machen?

Wenn ein Kindertext analysiert werden soll, dann unsichtbar und in Abwesenheit des Kindes, mit einem daneben gelegten Blatt oder anhand von Kopien. Was sollen Sie nun genau mit den Kindertexten machen? Wir empfehlen zwei Möglichkeiten:

1. die Beobachtung der orthografischen Entwicklung Ihres Kindes mit einer **Lernkurve** und
2. den **Spezial-Wörtermix.**

Beide Methoden sind mit zusätzlicher Arbeit verbunden, dafür können Sie etwas Zeit einsparen, indem Sie keine Diktate mehr schreiben lassen.

Beobachtung des Lernfortschritts (Lernkurve)

Manche Kinder schreiben von Anfang an gerne, bei anderen dauert es eine Weile, bis sie ihr Thema, ihren Stil und im weitesten Sinn auch sich selbst gefunden haben. Wir trauen den Kindern sowieso viel zu wenig zu. Außerdem merken es die Kinder deutlich, ob ihnen das Schreiben etwas bringt oder nicht. Manche brauchen am Anfang natürlich etwas Ermutigung, ein paar gute Tipps, über was sie schreiben können und besonders die Gewissheit, dass keiner (!) in ihren Texten herumstreicht. Bitte sehen Sie es so, **dass jeder sich etwas anstrengen muss: das Kind**, damit es sich an das Schreiben gewöhnt, **und Sie** im Üben von Zurückhaltung.

Die Kinder brauchen aber nicht nur Lob, Hilfe und Schonung, sondern einen echten **Beweis**, dass sich ihre Mühe lohnt und sie in der Rechtschreibung wirklich vorankommen. Dafür empfehlen wir, den monatlichen Entwicklungsstand des Kindes in die Koordinaten einer Tabelle, der Lernkurve, einzutragen (s. Lernkurven I und II im Anhang), auch wenn Ihr Kind bereits eine Rechtschreibförderung oder -therapie besucht.

Man geht dabei folgendermaßen vor. Sie brauchen zunächst einen Taschenrechner und eventuell ein Wörterbuch. Sie zählen nun jeden einzelnen Fehler (auch Wiederholungs- und Grammatikfehler). Zeichensetzungsfehler und fehlende i-/j-Pünktchen werden nicht beachtet, wohl aber Umlautfehler (_*Huhner_ für _Hühner_) und auch mehrere Fehler, die sich in einem einzigen Wort befinden. Wie viele Fehler sind in dem Satz:

Wir gen heute zu mein freund

enthalten? Bitte zählen Sie nach. Es sind wahrscheinlich mehr als Sie denken.

- Im Wort _*gen_ für _gehen_ sind zwei Fehler enthalten: die fehlende _h_-Länge (_*ge_n_) und die e-Auslassung (_*ge- _ n_).
- Nun finden wir noch drei Fehler: _*zu mein_ _ freund_ für _zu meinem Freund._

Zusammen ergibt das fünf Fehler. Am deutlichsten können wir sie erkennen, wenn wir Ziel- und Fehlerwörter untereinander schreiben:

Wir	*gehen*	*heute*	*zu*	*meinem*	*Freund.*
Wir	*ge-.-n*	*heute*	*zu*	*mein- -*	*freund*

Sie sehen, jede einzelne Auslassung wird mitgezählt. Was wäre, wenn **vreund* statt **freund* geschrieben worden wäre? Dann hätten wir in diesem Wort zwei Fehler zu berechnen, einen für die Klein- statt der Großschreibung und einen weiteren wegen der **v-* für *f*-Schreibung.

So weit, so gut. Das war der schwerste Teil. Jetzt müssen wir nur noch die **Anzahl der beabsichtigten Wörter** zählen, dann sind wir fast schon fertig. Die Wörter in obigem Beispielsatz sind schnell gezählt; es sind sechs Wörter. Das ist leicht. Was heißt aber „beabsichtigte Wörter"? Angenommen das Kind hätte **zumein* statt *zu meinem* geschrieben: *Wir ge-.-n heute zumein- - freund,* so sind es nach wie vor sechs (Ziel-)Wörter, auch wenn nur fünf auf dem Papier stehen. (Wir hätten nur noch einen zusätzlichen Zusammen- für Getrenntschreibungsfehler.)

Jetzt ist der **Fehlerindex** schnell berechnet. Dazu brauchen wir den Taschenrechner. Die Anzahl der Fehler wird mal Hundert genommen und durch die Anzahl der Wörter geteilt.

> Wenn wir beispielsweise von einem Viertklässler 156 Fehler in einem Gesamttext mit 354 Wörtern haben, so rechnen wir:
> 156 x 100 = 15600
> 15600 : 354 = 44,067796,
> das ergibt abgerundet 44.

Wir erhalten als Ergebnis einen Fehlerindex von 44, d. h. es werden durchschnittlich 44 Fehler auf 100 Wörter geschrieben.

Dieser Wert, der nicht gerade niedrig ist, wird in die Lernkurve eingetragen. Im folgenden Monat schreibt der Viertklässler wieder fleißig. Jetzt sind es 134 Fehler in einer Textmenge, die 412 Wörter umfasst. Wir rechnen:

$$13400 : 412 = 32{,}524271 = \underline{33}$$

Toll, der Fehlerindex liegt jetzt bei 33 Fehlern auf 100 Wörter. Wir haben eine deutliche Verbesserung und damit Grund zur Freude!

Zugegeben, es ist etwas umständlich, dass man immer die Fehler auf 100 Wörter ausrechnen muss. Aber nur dann hat man einen **Vergleichsmaßstab**. Ihr Kind schreibt in einem Monat 369 und im nächsten 424 Wörter. Wie wollen Sie sonst die Rechtschreibleistung vergleichen? Erst über den Fehlerindex und die Lernkurve kann man genau erkennen, ob es mit der Leistung vorangeht oder nicht.

Noch ein paar kleine, praktische **Tipps**, die sich bewährt haben. Am einfachsten ist es, wenn Sie die entsprechende Seite des Geschichtenbuches kopieren. Dann können Sie alle Fehler anstreichen, sonst müssen Sie ein Blatt an den rechten Textrand anlegen und hierauf alles markieren.

Beim Wörterzählen ist es ratsam, immer nach 50 Wörtern eine kleine Markierung zu machen, dann muss man nicht den gesamten Text noch einmal zählen, wenn man z. B. gestört wurde.

Der Fehlerindex wird in der entsprechenden Tabelle mit einem Kreuzchen vermerkt. Wenn Sie diese Kreuzchen von Monat zu Monat verbinden, entsteht die Lernkurve Ihres Kindes. Verwenden Sie entweder Lernkurve I oder II, je nachdem, wie hoch der Fehlerindex ist. Warum ist es günstig, nur die monatlichen Werte, also die **größeren Textmengen**, zu verbinden? Weil die Kurvenschwankungen bei wöchentlichen Texten zu groß ausfallen, denn natürlich ändert sich die Textqualität von Woche zu Woche. Einmal ist ein Text deutlich besser oder schlechter als der nächste. Wenn Sie wöchentlich die Wert von kurzen Texten eintragen, erhalten Sie ein ziemlich unübersichtliches "Zittergebirge". Deshalb verbinden wir nur die monatlichen Werte.

Besonders bei schreibunwilligen Kindern muss man aus vielen kleinen Textteilchen auf Notizzetteln oder Postkarten eine Zusammenfassung erstellen.

Halo
hier ist sas weter normal ich vermis eus seher aber es mach sehr viel spas das Essen schmekt sehr gut und die wen (Wellen?) sind gut (Junge, nach der fünften Klasse, Hauptschule, Abschrift des Originals)

Wie sehr die Kinder den Beweis ihres Fortschritts brauchen, werden Sie schnell merken. Die Kinder wollen gerne die Lernkurve sehen. Eine stetig ansteigende **orthografische Lernkurve** ist für alle Kinder etwas Wunderbares und eine große Freude. Hier bewahrheitet sich der Spruch:

> Nichts macht so erfolgreich, wie der Erfolg!

Hervorgerufen durch eine gute Lernentwicklung, die man als Kurve den Kindern zeigen kann, sind sie in der Regel sehr motiviert. Diese **Motivation** verleiht manchen Schülern regelrechte „orthografische Flügel". Die von Helga Breuninger (1999) so anschaulich beschriebenen Teufelskreise können dann sogar zu positiven „Erfolgskreisen“ werden. Die Kinder brauchen nach der langen Zeit des Selbstzweifels, Misserfolgs und Versagens endlich wieder **Zuversicht** und etwas **Hoffnung!** Das wunderbare Gefühl, dass es vorangeht, ist unschätzbar wertvoll. Wenn Sie es schaffen, dieses Gefühl wieder entstehen zu lassen, dann haben Sie, Ihr Kind oder Ihre Schüler einen großen Schritt in die richtige Richtung getan.

Damit Sie einen Richtwert haben, wie viele Rechtschreibfehler Ihr Kind in einem frei formulierten Text machen darf, haben wir unten eine **Schätzwerttabelle für die tolerierte Fehlerzahl** auf 100 Wörter eingefügt. Bitte beachten Sie, dass es sich bei diesen Werten um Schätzwerte handelt. Sie würden in etwa einer Schulnote "Drei" entsprechen, je nach Schulart auch etwas besser oder schlechter. Trotz dieser Ungenauigkeiten ist es hilfreich, wenigstens ungefähr zu wissen, **wie viele** und noch wichtiger, **dass Ihr Kind Fehler machen darf**. Manche Eltern erwarten ja von einem Grundschulkind schon fehlerfreie Texte. Vielleicht ist es also für Sie entlastend, diese Werte zu kennen.

Weiterhin dient der Schätzwert **als Zielorientierung**, wohin die "Reise zur Schrift"oder die Lernentwicklung Ihres Kindes gehen soll. Damit sind wir wieder bei der Lernkurve. Sie können in diese Tabelle nun den Ist-Fehlerindex und den Ziel-Fehlerindex (= Schätzwert) eintragen. Das ist für Sie und das Kind eine ganz wichtige und notwendige Visualisierung. Sie können auf einen Blick erkennen, wie weit es noch bis zum Ziel ist.

Vielleicht befürchten Sie, dass der deutlich erkennbare Abstand zwischen dem Ist- und dem Soll-Wert Ihr Kind frustrieren könnte? Nach unseren Erfahrungen ist ein klar definiertes Ziel und die Überschaubarkeit des Lernverlaufs ("Da bin ich und da will ich hin!") eher motivierend als abschreckend. Die Kinder sehen, wo sie stehen und dass sie sich verbessern, selbst wenn es in der Schule leider immer noch Sechser in Diktaten gibt!

Natürlich können Sie - zusätzlich zum Geschichtenbuch oder anstelle dessen - alle **schulischen Aufsätze und Diktate** auszählen und den Fehlerindex in die Tabelle eintragen. Dabei ist zu berücksichtigen, dass allgemein bei Diktaten der Fehlerindex unter den Werten für freie Texte liegt, er also besser ausfällt.

Beispielsweise produziert Florian 24 Fehler in seinen Texten im Geschichtenbuch und "nur" 15 Fehler in Diktaten (immer auf 100 Wörter berechnet). Eigentlich sollte man denken, dass es umgekehrt wäre, dass die Schüler in Diktaten mehr Fehler als in freien Texten schreiben. Das ist in der Regel aber nicht der Fall. Da sich die Kinder während des freien Schreibens mehr auf den Inhalt konzentrieren müssen, achten sie weniger auf die Rechtschreibung als in Diktaten. Bei einigen Kindern ist es aber umgekehrt. Bei ihnen ist der Diktatstress besonders groß.

All das kann man an der Lernkurve, die man auch separat für schulische Diktate, Aufsätze und Geschichtenbuch-Texte in die Tabelle eintragen kann, ablesen.

Wenn sich der Verlauf der Entwicklungskurve dem Schätzwert annähert, dann ist Ihr Kind auf dem richtigen Weg. Gratulation! Vielleicht können Sie Ihr Kind zusätzlich unterstützen, indem Sie die Wörter, die es häufig falsch schreibt, mit dem Spezialmix (s. u.) üben. Wenn sich aber über Monate gar nichts tut, d. h. der Entwicklungsverlauf stagniert oder die Kurve sich stetig vom Ziel entfernt, dann sollten Sie spätestens eine qualifizierte therapeutische Hilfe suchen oder eventuell gegen eine schon vorhandene austauschen.

Zeitraum der Textabfassung	Schätzwerte für tolerierte Fehlerzahl auf 100 Wörter
in der 1. Klasse	100 Fehler
in der 2. Klasse	50 Fehler
in der 3. Klasse	20 Fehler
in der 4. Klasse	11 Fehler
in der 5. Klasse	7 Fehler
in der 6. Klasse	5 Fehler
in der 7. Klasse	4 Fehler
in der 8. Klasse	3 Fehler
in der 9. Klasse	2 Fehler
in der 10. Klasse	2 Fehler

Tabelle: Schätzwerte für die tolerierte Fehlerzahl auf 100 Wörter in freien Texten (s. a. Thomé & Thomé 2004, S. 25 und 2009, S. 14).

Spezialmix wichtiger Wörter

Unabhängig davon, ob Ihr Kind ein Geschichtenbuch schreibt und ob Sie eine Kurve über die Lernentwicklung führen, das Wörterüben mit einem **Spezialmix** empfiehlt sich allemal. Es gibt bestimmte Wörter, mit denen fast alle Kinder Schwierigkeiten haben. Interessanterweise denken Erwachsene zuerst an sehr lange, komplizierte und meistens auch seltene Wörter. Natürlich schreiben rechtschreibschwache Kinder und Jugendliche viele lange, komplizierte und seltene Wörter falsch, z. B. *Ge-*

burtstagsüberraschung oder *Argumentations-Leitfaden*. Aber diese Wörter interessieren uns zunächst nicht, sondern die häufigen, kurzen Wörter, die in jedem Text vorkommen, z. B. *als, hier, tun, dann, denn, wenn, wann, nicht* usw. Also lohnt es sich, diese gezielt zu üben.

Man kann natürlich mit Hilfe von Karteikarten einen sogenannten Grundwortschatz üben. Das ist sehr gut. Noch motivierender ist jedoch ein Spezialmix. Hier wird eine kleine, überschaubare Menge von achtzehn Wörtern diktiert und von den Kindern geschrieben, täglich oder wöchentlich, je nach Bedarf drei- bis sechsmal oder häufiger.

Am Fuß des Blattes sind Smilies als Joker abgebildet, die für einen Rechtschreibfehler eingesetzt werden können. Die Kinder freuen sich, dass sie bei Falschschreibungen einfach nur einen Joker durchstreichen müssen und damit der Fehler getilgt ist. So haben sie die Chance, eine Aufgabe einmal „fehlerfrei" bewältigen zu können. Nach dem ersten (und zweiten) Durchgang wird an der senkrechten Linie das Blatt nach hinten geknickt, sodass nicht abgeschrieben werden kann.

Informationen zu Therapien und Hilfsmaßnahmen

Wenn Sie die Lese- und Rechtschreibförderung auslagern können, wollen oder müssen, achten Sie darauf, dass Sie Ihr Kind zu einer qualifizierten Einrichtung oder TherapeutIn schicken. Zunächst können wir drei Fördermaßnahmen unterscheiden:

- **Nachhilfe** außerhalb der Schule, oft von Studenten oder anderen (noch) nicht ausgebildeten Kräften erteilt,
- **Förderunterricht** in der Schule oder in einer außerschulischen Einrichtung,
- außerschulische LRS-. Legasthenie-. Lese- oder Rechtschreib-**Therapie**.

Wenn ein Schüler in einer **Nachhilfestunde** einen Text schreibt, kann die Betreuerin unter Umständen über die Schulter sehen und die Rechtschreibung kontrollieren, auf einen Fehler hinweisen und eventuell die richtige Schreibung nennen. Aber ob dieses sinnvoll ist und - falls Erläuterungen oder Regeln genannt werden -, ob diese wiederum richtig und hilfreich sind, das ist die große Frage. Man muss es deutlich sagen: Bei ernsten Rechtschreibschwierigkeiten darf man **in der Regel von einer einfachen Nachhilfemaßnahme keine Besserung** erwarten.

Die Qualität und der Nutzen einer **schulischen Förderung** kann in seiner Wirksamkeit und seinem Ablauf zwischen den gerade beschriebenen Extremen von unqualifizierter Nachhilfe und professioneller Therapie liegen. Die Qualität hängt im Wesentlichen davon ab, wie gut die Lehrkraft für das spezifische Lese-/ Rechtschreibproblem qualifiziert ist, wie intensiv sie auf einzelne Schüler eingehen kann (je weniger Schüler, desto besser) und ob die Förderung überhaupt regelmäßig und lange genug angeboten werden kann. Oft sitzen in derselben Gruppe:

- Kinder mit Sprach- oder Sprechstörungen,
- Kinder mit Lese- und/oder Rechtschreibproblemen,
- Kinder mit Deutsch als Zweitsprache und zuletzt
- Kinder mit Verhaltensstörungen.

Wie hier eine sinnvolle, passgenaue Förderung oder Therapie gelingen soll, muss man sich fragen.

Nicht alle, die sich Legasthenie- oder LRS-TherapeutIn nennen, haben eine solide Ausbildung. Leider ist die Bezeichnung **LRS-/ Legasthenie-TherapeutIn** bei uns **nicht gesetzlich geschützt**. Sie dürfen also nicht nur auf diesen Titel vertrauen, wenn Sie für Ihr Kind eine außerschulische Hilfe suchen. Wer eine qualitativ hochwertige Therapie anbietet, sollte ein sachbezogenes Studium (z. B. Lehramt, Pädagogik, Psychologie o. Ä.) **oder** eine entsprechende Ausbildung (z. B. Logopädie) plus einer Zusatzqualifikation nachweisen können.

Als Nächstes sollten Sie, wenn Sie die Therapie selbst finanzieren müssen, auf eine **individuelle Förderung** achten, d. h. die Übungen und Erläuterungen sollten sich auf die Probleme des einzelnen Kindes beziehen. Dieses wird aber ab einer bestimmten Gruppengröße, also bei mehr als zwei oder maximal drei Schülern, kaum möglich sein.

Interessanterweise unterscheiden sich die Kosten für Gruppen- oder Einzeltherapien, die ja viel zeitaufwändiger sind, oft nur unwesentlich. Einige große Nachhilfe-Institute berechnen für die Förderung in einer Gruppen so viel, wie man anderenorts für eine Einzeltherapie bezahlt.

Ein weiteres Qualitatskriterium ist, dass sich Ihr Kind in der Einrichtung **wohlfühlt** und dass es den Eindruck hat, dass man dort auf seine speziellen Probleme eingeht. Zeigt dagegen das Kind großen Unwillen bezüglich der Hilfsmaßnahmen, hat es keinen Sinn sie fortzuführen. Schon aus diesem Grunde sind **längerfristige Vertragsbindungen** sehr kritisch einzuschätzen. Außerdem ist es wichtig, dass eine lernförderliche Stimmung herrscht und man sich dem Kind gegenüber keinesfalls mürrisch oder gelangweilt verhält, wie es eine Schülerin beschreibt.

Nachhilfehorror

Ich brauche mich nur an meine Englisch-Nachhilfe zu erinnern. Die pensionierte Lehrerin, zu der ich einmal pro Woche geschickt wurde, war knurrig, launisch und – naja, insgesamt war sie total schrecklich. Es war der reine Horror! Zwar bin ich einige Male meinen Eltern zuliebe zu ihr gegangen, doch ich fühlte mich dort nur schrecklich. Als wir in der Schule das ABC auf Englisch lernen sollten, wurde es ganz schlimm. Ich konnte das ABC nicht, obwohl ich es immer wieder versuchte. Beim dritten Ver-

such fing sie total an mit mir zu schimpfen, beim vierten war sie schon auf Hochtouren. Ich bin weinend weggerannt und bin nie wieder hingegangen. (Schülerin, sechste Klasse, Realschule)

Machen Sie sich möglichst **selbst ein Bild**, indem Sie an einer Sitzung als ZuhörerIn teilnehmen. Wenn das von der Einrichtung ohne eine gute Begründung abgelehnt wird, ist das ein schlechtes Zeichen, das Sie ernst nehmen sollten.

Andererseits erfordert jede wirksame LRS-Therapie eine gewisse Mitarbeit der Schüler. Wenn ein Kind darauf besteht, dass es nur an Computerspiele gesetzt wird, die vielleicht am Rande auch Rechtschreibthemen streifen, jegliches Schreiben auf Dauer aber ablehnt und auch sonst nicht zuhören will, dann steht zunächst ein anderes Problem, nämlich das Arbeitsverhalten, im Vordergrund. Hierfür wären zunächst andere Fachleute zuständig, z. B. in Erziehungsberatungsstellen. Von einem Facharzt für Kinder- und Jugendpsychiatrie und -psychotherapie sollte man diagnostizieren lassen, ob ein **Aufmerksamkeitsdefizit** (ADS/ADHS) besteht. Schulte-Körne (2004, S. 54) berichtet, dass bei ca. 15 bis 20 Prozent der legasthenen Kinder "zusätzlich eine Störung der Aufmerksamkeit, eine ausgeprägte Hyperaktivität oder ein impulsiver Verhaltensstil" vorliegt.

Zur **Dauer von Therapien** gibt es nach unserer Kenntnis keine verlässlichen empirischen Untersuchungen. Auch von den großen Nachhilfe-Instituten liegen uns keine Angaben über eine durchschnittliche Verbleibdauer ihrer Schüler vor. Einige ungefähre Zeitangeben konnten wir in der Fachliteratur finden. In der Regel dauert eine LRS-Therapie durchschnittlich:

- 2,5 bis 3 Jahre (Löffler & Meyer-Schepers 2001, S. 299),
- 80 Sitzungen (Reuter-Liehr 2001),

- mindestens ein bis zwei Jahre (Suchodoletz 2003, S. 260),
- ein bis zwei Jahre, in schweren Fällen viel länger (Firnhaber, 2007, S. 190 und 280)

Normalerweise sollte nach einigen Therapiemonaten ein Fortschritt erkennbar sein. Wenn sich **keine Leistungssteigerung** abzeichnet, ist es nun spätestens ratsam, **Kontakt zu anderen Eltern** zu suchen, die ihr Kind in dieselbe Einrichtung schicken, um sich mit ihnen auszutauschen. Sollten sich nämlich keine oder nur sehr kleine Fortschritte erkennen lassen, können Sie eventuell bei Rückfragen von der Einrichtung zu hören bekommen, dass ausnahmsweise bei Ihrem Kind die Probleme besonders schwerwiegend oder hartnäckig seien. Das Gespräch mit anderen Eltern kann hier etwas mehr Klarheit schaffen.

Seitdem wir etliche Male erleben durften, wie aus einem bedrückten und unglücklichen Kind ein richtig fröhliches und munteres Kind wurde, erscheinen uns keine **Ausgaben**, die **im Bildungsbereich** getätigt werden, zu hoch. Eigentlich können wir es selbst immer noch nicht ganz fassen, dass sich nur über eine verbesserte Rechtschreibleistung so viel im Leben der Kinder zum Positiven wendet. Das hätten wir vor diesen acht Jahren Rechtschreibtherapie niemals geahnt.

Außerdem gilt es, eine wachsende Ungerechtigkeit durch mangelnde Chancengleichheit zu verhindern. Es wurde sicherlich schon manches Kind, das sich hervorragend als IngenieurIn, ChemikerIn, PhysikerIn oder MathematikerIn bewährt hätte, nur wegen schlechter Rechtschreibleistungen von einem Studium abgehalten.

Es kommen Unsummen an Geldern hinzu, die von den Eltern aufgewendet werden müssen, um ihre Kinder zur privat bezahlten Nachhilfe, Förderung oder Therapie zu bringen. Wie groß ist der Anteil der Kinder in jeder Sekundarklasse, die Nachhilfe bekommen? Was zahlen Eltern monatlich für einen Kurs? Wenn man einmal herumfragt, so lauten die Antworten:

- 40,- Euro für Mathenachhilfe bei einem Studenten,
- 130,- bis 140,- Euro für Englischnachhilfe,
- 140,- bis 240,- Euro LRS/Legasthenieförderung/-therapie,
- 60,- Euro für einen Kunst- oder Musikkurs.

Laut Sozialgesetzbuch (§ 35a Kinder- und Jugendhilfegesetz) besteht für Eltern die Möglichkeit, eine LRS-/Legasthenie-Therapie bezahlt zu bekommen, wenn seelische Behinderungen vorliegen oder drohen. Die sogenannte **Eingliederungshilfe** (nach dem § 35a SGB VIII, IX) muss über das Jugendamt mit diversen Gutachten beantragt werden.

> Die Legasthenie Ihres Kindes allein gilt nicht als seelische Behinderung. Erst wenn sie zu psychischen Erkrankungen führt, können Sie als Eltern Unterstützung beantragen. (Schulte-Körne 2004, S. 158)

Konkret bedeutet das, dass Ihr Kind massive Probleme mit sich und seiner Umwelt haben muss, damit die Finanzierung einer Lese- und Rechtschreibtherapie übernommen werden kann.

> Je nach Fall wird das zuständige Jugendamt Informationen, Berichte oder gutachtliche Stellungnahmen von Fachärzten für Kinder- und Jugendpsychiatrie und -psychotherapie, von Diplom-Psychologen, von schulpyschologischer Seite oder der Schule einholen, um zu einer abschließenden Beurteilung zu gelangen, ob die Leistungstat-Bestandsvoraussetzungen gegeben und welche Hilfeformen notwendig und geeignet sind. (Schulte-Körne 2004, S. 160).

Fragen Sie auf alle Fälle Ihren Kinderarzt. Allerdings muss gesagt werden, dass die Erfolgschancen, eine Therapie bezahlt zu bekommen, nicht sehr groß sind. Nach unseren Erfahrungen ist aber auch hier die Situation von Stadt zu Stadt, von Landkreis zu Landkreis verschieden. Beispielsweise wurden im Jahr 2006 in Osnabrück für 62, in Braunschweig für 50 und in Oldenburg nur für 3 Schüler eine LRS-/Legasthenie-Therapie nach o. g. Paragrafen (§ 35a Kinder- und Jugendhilfegesetz) bezahlt oder überwiegend bezuschusst (Nordwest-Zeitung vom 2.11. 2006, S. 32). Dabei gibt es wesentlich mehr Absagen als Zusagen, wie der folgende Auszug verdeutlicht:

Das Jugendamt sagte mir, es gäbe keine finanzielle Unterstützung für eine Legasthenietherapie und mein Sohn könne, wenn er tatsächlich durch das Schulsystem rassele, notfalls auf eine Sonderschule gehen. Bei einer erneuten Vorsprache mit einem Bekannten vom Fach wurde dann aber doch der Antrag auf Unterstützung nach § 35a angenommen (Ausgang noch ungewiss, wird noch dauern). (Mutter von Arvid, sechste Klasse, Gymnasium, jetzt Realschule) [Der Antrag wurde später abgelehnt, ebenfalls wurde nach einem Vierteljahr bezahlter Therapie ein weiterer Antrag bei einer privaten Stiftung abgelehnt, da diese nun leider jegliche LRS-/ Legasthenietherapie aus ihrem Förderprogramm genommen hatte, Anmerkung der Verfasser].

Im Falle einer Ablehnung sollte man immer bedenken, dass gelegentlich Entscheidungen öffentlicher Stellen nicht immer der Rechtslage entsprechen.

Man könnte annehmen, dass ohne **zusätzliche finanzielle Mittel des Staates** für frühzeitige Erkennung, Unterrichtung, Förderung und Therapie ab der Kindergarten- oder Vorschulzeit gar nichts auszurichten sei. Wir können jedoch eine Veränderung benennen, die **ohne jegliche Mehrkosten** enorme Verbesserungen für alle Rechtschreiblerner in Gang setzen könnte. Dazu müsste an den Universitäten und Pädagogischen Hochschulen die Lehrerausbildung dahingehend verändert werden, dass sich das Studium endlich an den Notwendigkeiten des späteren Berufes ausrichten würde.

Wir werden oft von Lehrerinnen und Lehrern angerufen, die sich (löblicherweise) nach Weiterbildungsangeboten erkundigen. Immer wieder hört man dann die Klage, dass während des gesamten Studiums keinerlei LRS/Legasthenie-Seminare angeboten wurden.

Ich habe leider in meinem ganzen Studium keine Ausbildung zu den Bereichen Rechtschreiberwerb und Rechtschreibschwierigkeiten erhalten. (Gymnasiallehrerin)

Genau so ist es! Leider! Man kann den Lehramts-Studierenden nicht anlasten, dass es eher Seminare über das „Drama im Barock" oder „Sprechakte bei Searle" gibt. Diese Seminare sind sicher gut und richtig, aber nicht auf Kosten von berufsnotwendigen Grundlagen, also von Seminaren zum Schrifterwerb. Im Fach Germanistik, zuständig für die Deutsch-Lehrerausbildung, fällt ein **deutlicher Mangel an Professoren** auf, die noch im **Bereich Sprachdidaktik**, **Schwerpunkt** (normaler und gestörter) **Rechtschreiberwerb** forschen und lehren. Entweder werden freie Stellen gestrichen, mit Literaturdidaktikern besetzt, oder es werden nur kurzfristig Lehraufträge vergeben.

Kleine Tipps für das Englischlernen

Wenn ein Kind in der deutschen Rechtschreibung Schwierigkeiten hat, hat es fast immer auch Probleme mit der englischen Orthografie. Englisch ist in seiner Laut-Buchstaben-Beziehung viel komplizierter als das Deutsche. So verwundert es nicht, dass viele Menschen, deren Muttersprache Englisch ist, große Rechtschreibprobleme haben, auch wenn die Fehler, die sie machen, natürlich anders aussehen, als die, die Sie bei Ihrem Kind finden. Vielleicht interessiert Sie folgender Brief einer amerikanischen Schülerin an einen früheren US-Präsidenten.

In ferst grad I was not reding on grad level and I was revering leters, whch gos along with dislexscya. In second grad it was teribel ... The kids wodd mach fun of me call me stooped ... That year I woold say to ma mom in teers: "Life isent werth this, it gust isnt werth this!" ... The way the school treets the stoodent dus not gust efect the persun but it efects the entyer family. Pleese tacke this letter seryusly becus this problem roowens many lives. (Schülerin aus den USA, www.Idonlinde.org, zitiert nach Zeitschrift für Legasthenie und Dyskalkulie, Heft 3/2005, S. 28)

Wegen der mangelhaften Ausbildung an Universitäten und Pädagogischen Hochschulen ist das Problem LRS/Legasthenie für viele Deutschlehrer schon schwer handhabbar, für die meisten Englischlehrer aber noch viel mehr: Im Studium für angehende Fremdsprachenlehrer ist eine Auseinandersetzung mit LRS/Legasthenie in der Regel **nicht** vorgesehen:

> Nur selten beschäftigen sich FremdsprachenlehrerInnen mit LRS und haben daher zunächst wenig Verständnis für gehäufte Fehler. So müssen oftmals die Eltern aufklären und auf die gesetzlichen Erleichterungen und Hilfen aufmerksam machen. Zugegebenermaßen ist es aber auch manchmal schwierig festzustellen, ob Falschschreibungen von LRS, Unsicherheiten in der Grammatik oder nur halb gelernten Vokabeln stammen. (Naegele 2001, S. 231)

Unsinnige, unverständliche Aufgabenstellungen finden sich leider gehäuft in Lernmaterialien. Sie bilden für Kinder mit Rechtschreib- und Leseproblemen eine große Hürde, z. B. wenn in den Aufgaben viele komplizierte Eigennamen (ohne jeglichen didaktischen Sinn) vorkommen. Die Autoren und viele Lehrer sind sich wahrscheinlich nicht bewusst, wie groß die Schwierigkeiten für LRS-Kinder sind, wenn es in den englischen Texten um *Sunjami* und seine Schwester *Sannjo-Samatha* aus *Anchestor Lion Bay* in *Wythe on the Tyme* geht (Namen sind frei erfunden).

> Im Rahmen von Klassenarbeiten sind manche Aufgaben für Schüler mit ausgeprägten morphologischen und semantischen Problemen (Probleme bei Wortform und Wortbedeutung) schwer zu lösen. Ein Beispiel sind Lückentexte, wobei das Gesamtverständnis des Textes erst nach dem vollständigen Einsetzen der gegebenen Wörter möglich ist. Besteht der Lückentext aus inhaltlich bekannten Sätzen, gelingt die Rekonstruktion leichter. Wenn der Text ganz unbekannt ist, kann die Bearbeitung für manche Betroffene fast unüberwindliche Hindernisse enthalten. (Sellin 2004, S. 109, im Original mit Kursivdruck)

Als hilfreich erweisen sich zu Hause übersichtliche Tabellen, in denen die Kinder nachschauen können, z. B. über Deklination und Konjugation. Leider enthalten viele Lernmaterialien keine Tabellen und Übersichten mehr. Kaufen Sie deshalb Ihrem Kind notfalls eine verständliche und dünne Grammatik und/oder kopieren Sie die entsprechenden Seiten. Eine Tabelle, auf der die Kinder alles finden können, ist für sie ein notwendiges Lernmaterial, das man ihnen nicht vorenthalten sollte.

Um Kindern eine gewisse Sicherheit im Umgang mit fremdsprachlichen Schreibungen zu geben, erweisen sich Wörtersammlungen, in denen Wörter nach einem rechtschreiblichen Phänomen zusammengestellt sind, als sehr gute Hilfsmittel.

Wörter mit der Endung -le

apple	riddle
bottle	trouble
people	middle
little	noble
table	bubble

Wörter mit -dg-

bridge
hudge
lodge

Wörter mit der stillen e-Endung

In diesen Beispielwörtern wird der vordere Vokal immer lang und der letzte Vokal gar nicht ausgesprochen:

one, nine, were, true, late, write, blue,
cue, have, live, life, save, brave, leave

Zusammenhänge und Ähnlichkeiten deutlich machen, z. B. bei Verben

sehen	sah	gesehen
see	saw	seen, daraus wird:
ich sehe	ich sah	ich habe/hatte gesehen
I see	I saw	I have/had seen

um häufige Fehler, *I have *see (ich habe *sehen),* zu vermeiden

Sortierung unregelmäßiger Verben nach Schreibungen

put	put	put
hit	hit	hit usw.
sleep	slept	slept
keep	kept	kept usw.
buy	bought	bought
bring	brought	brought
think	thought	thought usw.
tell	told	told
sell	sold	sold usw.

Eine vollständigere Tabelle finden Sie bei Firnhaber (2007, S. 259 ff.)

Merkhilfen nutzen, z. B. dass ght im Deutschen oft cht ist

night	Nacht
light	Licht
knight	Knecht
thought	gedacht
brought	gebrachte

Sogar die schwierige Schreibung des Wortes *enough* (dt.: *genug*) kann man sich nach einer Ersetzung von *gh* durch *g/ch* besser merken. War es für Sie früher auch schwer, sich dieses Wort zu merken? Gleich nicht mehr! Wir fügen dem englischen Wort *enough* als ersten Buchstaben ein *g* hinzu (= *genough),* ersetzen dann das *ou* durch *u* (*genugh*), das *gh* durch *ch* oder noch besser durch ein einfaches g (= *genuch, genug):*

e n ou gh
(g)e n u ch
g e n u g

Mit diesem Trick bereitet die Schreibung einiger Wörter keine großen Probleme mehr.

Falls Sie noch vor der Wahl einer/der Fremdsprache/n für Ihr Kind stehen und sich weiter über die einzelnen Sprachen informieren möchten, sei auf auf die Veröffentlichungen von Sellin (2004), Firnhaber (2007) und Naegele (2001) verwiesen.

Idealbild eines guten Rechtschreibunterrichts

Lassen Sie uns ein wenig fantasieren. In unserem "Schul-Schlaraffenland" gibt es verschiedene Wunschmöglichkeiten. Einige Kinderwünsche haben wir hier abgedruckt.

Der perfekte Rechtschreibunterricht

Ich wünsche Mier das man mehr List und schreipt und zu dem Tema mer bastelt und beispiele witze siend Ich finde dof das man meinchmal unter druk stet. (Junge, Ende der dritten Klasse, Originalschreibung)

Der perfekte Rechtschreibunterricht

Natürlich hängt der perfekte Unterricht auch vom perfekten Lehrer ab. Dieser sollte verständnisvoll mit seinen Schülern umgehen können, dass heißt sie ermutigen anstatt sie zu entmutigen wenn sie Fehler machen.
Egal wie gut oder wie schlecht ein Schüler ist er,will gelobt werden wenn er etwas richtiges gemacht hat.Selbstverständlich sollte der Lehrer nie behaupten einer seiner Schüler wäre zu dumm, um das Schreiben zu lernen.
(Schülerin, neunte Klasse, Gymnasium, Originalschreibung)

Der perfekte Rechtschreibunterricht

Ich würde gerne keine Diktate oder Arbeiten in einer Deutschstunde haben weil ich dann immer ein bisschen aufgeregt bin.Und ich würde mich freuen wen die schule etwas später anfangen könnte weil ich ein Langschläfer bin. Am Unterricht gefällt mir nicht das wir den Lernstoff so schnell durchnehmen müssen weil manche langsamen Schüler dann nicht mit kommen und in den Arbeiten nicht so gute Noten haben. Aber an der Schule gibt es auch was gutes. Ich finde es gut das wir am Wochenende nicht zu Schule müssen und das wir viel lange Ferien haben. Das Schlechte an der Schule ist aber wieder, dass wir Noten bekommen für den mündlichen Unterricht, weil manche Kinder stottern und sich dann nicht trauen etwas zu sagen. Es nervt aber auch, dass wir Zahlennoten und nicht schriftliche Beurteilungen bekommen. (Junge, sechste Klasse, Realschule, Original)

✎ Platz für deine/Ihre Ideen:

____

____

____

____

____

Man kann es sich kaum vorstellen, wie schön ein Deutschunterricht wäre, wenn es kleine Klassen, viele Lehrer, keine Ausgrenzung, sondern **echte Lernhilfe** für alle gäbe. Eine Hilfe, die rechtzeitig angelegt ist und die etwas bringt. Kinder, die in ihrer (sprachlichen oder motorischen) Entwicklung etwas zurück sind, sollten es besonders gut haben. Sie kommen in kleinere Gruppen mit noch besser ausgebildeten Fachkräften.

Diese arbeiten bei Bedarf eng mit den Eltern zusammen und führen regelmäßige Elternfortbildungen durch, in denen beispielsweise kleine Lernfilme oder eventuell Filmsequenzen aus dem Unterricht gezeigt und diskutiert werden.

Diese gute (aber nicht zu zeitintensive) Elternfortbildung, in der die sprachliche und orthografische Entwicklung der Kinder spannend behandelt wird, ist sehr wichtig, da hier einige der Hauptfehler, die Eltern und Familienangehörige (auch Großmütter oder -väter) machen können, aufgezeigt werden, z. B. dass man **nicht** die Buchstabennamen verwenden sollte: "Das ist ein *Em* im Wort *Maus*", oder, "im Wort *Sonne* ist ein oooooo".

Fantastisch wären spezielle **Rechtschreibräume** in den Schulen oder in allen größeren Städten, die so eingerichtet wären, dass sie einen bestimmten Rechtschreibbereich symbolisieren.

So gäbe es einen Raum für die Groß- und Kleinschreibung, in dem alle Dinge zweimal vorhanden wären, einmal in einer großen und einmal in einer kleinen Version.

Der Verdoppelungsraum für Konsonanten enthielte viele Experimentiermöglichkeiten mit Spiegeln und großen Drehscheiben auf denen die häufigsten Verdoppelungen abgebildet sind. Die Schüler könnten hier durch das Drehen großer Scheiben experimentieren und immer neue Wörter finden, die eine Verdoppelung oder zwei verschiedene Konsonanten enthalten.

In einem schönen Raum mit Lautsprechern würden Lang- und Kurzvokale über Töne und Farbspiele sichtbar gemacht werden. Der Konsonantenraum enthielte nur Gegenstände, deren Namen lautlich mit einem Konsonanten anfangen.

Genauso spannend wäre ein Raum mit der **Geschichte unserer Schrift**. Immer wieder fällt uns auf, dass die Schüler einen ganz anderen Zugang zur Orthografie bekommen, wenn sie die Rechtschreibung nicht als das Pauken-von-Diktaten, sondern als kleines schrifthistorisches Wunder erleben können. In diesem Raum gäbe es entzifferte, aber auch noch unentzifferte Schriftdokumente, z. B. den Diskos von Phaistos als Tonkopie, aber auch verschiedene Materialien und Schreibutensilien. Die Schüler können mit Stäbchen alte Keilschriftzeichen in weichen Ton drücken. Mit Schwanenfedern, Keide oder mit einer alten Schreibmaschine schreiben. Vielleicht bekommen sie dann eine andere Sichtweise in Bezug auf Schrift und Rechtschreibung? Warum gibt es so etwas nicht - **nirgends** - in keiner Schule und in keiner Großstadt! Es gibt löbliche Stiftungen wie „Stiftung Lesen". Warum gibt es so etwas nicht für das Schreiben? Vielleicht könnte man einige Stifter, Unternehmen, Verbände, Bildungspolitiker dafür begeistern???

Kinder wollen lernen. Je mehr man sich Mühe gibt, dieses Lernen motivierend zu gestalten, desto besser. Natürlich müssen alle Gruppen und Klassen in den Kindergärten und Schulen viel, viel kleiner sein, als sie es zurzeit sind. Ein Ganztagsangebot mit gutem Essen, Lern-, Sport-, Spiel- und Spaßmöglichkeiten sollte selbstverständlich sein. Jetzt kommt natürlich die Frage: "Wer soll das alles bezahlen?" Die Antwort ist einfach: In Anbetracht der riesigen Summen, die in unserer Gesellschaft für die Folgekosten von Arbeitslosigkeit, Analphabetismus, Alkoholismus, Drogenabhängigkeit, Kriminalität und, und, und ausgegeben werden, würde man **gesamtgesellschaftlich mit einer "Luxusbildung für alle" sparen**!

A Anhang

Kopiervorlagen:

Spezial-Mix A:	Wichtige Übungswörter
Spezial-Mix B:	Übungsblatt für Einzelwörter
Lernkurve I:	Fehler auf 100 Wörter, Tabelle bis 60 Fehler
Lernkurve II:	Fehler auf 100 Wörter, Tabelle bis 30 Fehler

Spezial-Mix A

Thomé & Thomé, Ratgeber 2010

I.		II.	
1.	dann	1.	plötzlich
2.	kann	2.	etwas tun (getan)
3.	wann	3.	ich war heute
4.	wollen (ich wollte)	4.	außen
5.	sollen (er sollte)	5.	außerdem
6.	wieder	6.	irgendwer
7.	ziemlich	7.	manchmal
8.	hier	8.	der Abend (abends)
9.	viele (vielleicht)	9.	lachend
10.	kriegen (sie kriegt)	10.	Dienstag (dienstags)
11.	nächste	11.	höchste
12.	letzte	12.	er hat, er hätte
13.	immer	13.	dann und wann
14.	linke (links)	14.	sie sieht
15.	versuchen	15.	er singt (sie singen)
16.	fahren (sie fährt)	16.	Geburtstag
17.	rennen (sie rennt)	17.	gefährlich
18.	die Mannschaft	18.	die Verkäuferin

In Klammern stehen immer die etwas schwierigeren Wörter. Diese werden erst diktiert, wenn das Kind die leichteren Wörter gut beherrscht. Legen Sie bei Bedarf eine eigene Liste an, die dann regelmäßig bearbeitet wird.

Kopiervorlage

Spezial-Mix B für ____________________

1.	1.	1.
2.	2.	2.
3.	3.	3.
4.	4.	4.
5.	5.	5.
6.	6.	6.
7.	7.	7.
8.	8.	8.
9	9.	9.
10.	10	10.
11.	11.	11.
12.	12.	12.
13.	13.	13.
14.	14.	14.
15.	15.	15.
16.	16.	16.
17.	17.	17.
18.	18.	18.

☺ ☺ ☺ ☺ ☺ ☺

Für einen Fehler kann ein Joker eingesetzt und durchgestrichen werden. Bitte an der senkrechten Linie falten, sodass vorherige Eintragungen verdeckt sind.

Kopiervorlage

Lernkurve I: Fehler auf 100 Wörter

Thomé & Thomé: Ratgeber 2010

Dokumentation der orthografischen Entwicklung (bis 60 Fehler)

Name ______________________________ Klasse __________

In der Zeit vom ________ bis ____________________ Jahr __________

Gefördert durch ________ Sitzungen ______________ Monat __________

Datum	Text	F/100	Wörter	F.: 0							
				2							
				4							
				6							
				8							
				10							
				12							
				14							
				16							
				18							
				20							
				22							
				24							
				26							
				28							
				30							
				32							
				34							
				36							
				38							
				40							
				42							
				44							
				46							
				48							
				50							
				52							
				54							
				56							
				58							
				60							

Legende: **Texte:**

F/100 = Fehler auf 100 Wörter **Woche/Monat:**

F = Fehler **Jahr:**

Kopiervorlage

Lernkurve II: Fehler auf 100 Wörter

Thomé & Thomé: Ratgeber 2010

Dokumentation der orthografischen Entwicklung (bis 30 Fehler)

Name ______________________________ Klasse ________

In der Zeit vom ________ bis ________________ Jahr ________

Gefördert durch ________ Sitzungen ____________ Monat ________

Datum	Text	F/100	Wörter	F.: 0							
				1							
				2							
				3							
				4							
				5							
				6							
				7							
				8							
				9							
				10							
				11							
				12							
				13							
				14							
				15							
				16							
				17							
				18							
				19							
				20							
				21							
				22							
				23							
				24							
				25							
				26							
				27							
				28							
				29							
				30							

Legende:

F/100 = Fehler auf 100 Wörter

F = Fehler

Texte:

Woche/Monat:

Jahr:

Etwas Literatur zum Weiterlesen

Beck, B.; Thomé, G.; Thomé, D. (2009): Schwache Rechtschreiber müssen keine schwachen Leser sein und umgekehrt. In: Valtin, R.; Hofmann, B. (Hrsg.): Kompetenzmodelle der Orthographie. Berlin: Deutsche Gesellschaft für Lesen und Schreiben, S. 40-47.

Breuninger, H. (1999): Teufelskreise: Lerntherapeutisches Kompendium. Fachverband f. integrative Lerntherapie (FIL). Braunschweig: FIL.

Comenius, J. A. (1992): Große Didaktik (1657). Übers. und hrsgg. v. A. Flitner. 7. Aufl. Stuttgart: Klett-Cotta.

Costard, S. (2007): Störungen der Schriftsprache. Modellgeleitete Diagnostik und Therapie. Stuttgart, New York: Thieme.

Dehn, M. (2007): Kinder & Lesen und Schreiben. Seelze-Velber: Kallmeyer, Klett.

DUDEN (1990): Das Aussprachewörterbuch. Wörterbuch der deutschen Standardaussprache. 3., völlig neu bearbeitete und erw. Aufl. Band 6. Mannheim u. a.: Dudenverlag.

Firnhaber, M. (2007): Legasthenie und andere Wahrnehmungsstörungen. 4. überarb. Neuauflage. Frankfurt/M.: Fischer Taschenbuch Verlag.

Hartmann, R.; Thomé, G. (2009): Richtig schreiben lernen mit dem Aufbaukonzept. Übungen und Tipps für die Grundschule und davor. Braunschweig: Westermann Verlag.

Hasselhorn, M.; Marx, H.; Schneider, W. (Hrsg.): Aktuelle Trends in der Rechtschreibdiagnostik. In: Schneider, W.; Marx, H.; Hasselhorn, M. (Hrsg.): Diagnostik von Rechtschreibleistungen und -kompetenz. Göttingen: Hogrefe, S. 1-6.

Jansen, H.; Thomé, G. (1998): Entwicklung der Phonemanalyse im ersten Schuljahr und ihr Zusammenhang mit der Wortschreibung. In: Zeitschrift für Entwicklungspsychologie und Pädagogische Psychologie, 30 (1998), S. 20-25.

Klicpera, Chr.; Gasteiger-Klicpera, B. (2001): Verlaufsuntersuchungen zur schulischen Förderung von Kindern mit Legasthenie. In: Schulte-Körne, G. (Hrsg.): Legasthenie: erkennen, verstehen, fördern. Bochum: Winkler, S. 199-211.

Lindauer, Th.; Schmellentin, C. (2008): Studienbuch Rechtschreibdidaktik. Die wichtigsten Regeln im Unterricht. Zürich: Orell Füssli Verlag.

Löffler, I.; Meyer-Schepers, U. (2001): Kinderzentrum für Entwicklungs- und Lerntherapie (Bochum, Dortmund). In: Naegele, I. M.: Schulschwierigkeiten in Lesen, Rechtschreibung und Rechnen. Ein Elternhandbuch. Weinheim, Basel: Beltz, S. 296-300.

Löffler, I.; Meyer-Schepers, U.; Lischeid, M. (2007): Rechtschreibschwäche im Fokus der Kompetenzdiagnostik. Ergebnisse aus der internationalen Grundschul-Lese-Untersuchung (IGLU-E). In: Schulte-Körne, G. (Hrsg.): Legasthenie und Dyskalkulie. Bochum: Winkler, S. 267-280.

Mannhaupt, G. (2003): Ergebnisse von Therapiestudien. In: Suchodoletz, W. v. (Hrsg.): Therapie der Lese-Rechtschreib-Störung (LRS). Stuttgart: Kohlhammer, S. 91-107.

May, P. (2001): Welche schulische Förderung ist effektiv? In: Schulte-Körne, G. (Hrsg.): Legasthenie: erkennen, verstehen, fördern. Bochum: Winkler, S. 233-246.

Meyer-Schepers, U. (1991): Linguistik und Problematik des Schriftspracherwerbs. Frankfurt/M. u. a.

Moll, K.; Landerl, K.; Kain, W. (2008): Der Rechtschreibteil des SLRT. In: Schneider, W.; Marx, H.; Hasselhorn, M. (Hrsg.): Diagnostik von Rechtschreibleistungen und -kompetenz. Göttingen: Hogrefe, S. 129-143.

Naegele, I. M. (2002): Schulschwierigkeiten in Lesen, Rechtschreibung und Rechnen. Ein Elternhandbuch. Weinheim, Basel: Beltz.

Naegle, I. M.; Valtin, R. (2000): LRS in den Klassen 1-10. Bd. 2: Schulische Förderung und außerschulische Therapien. Weinheim, Basel: Beltz.

Naumann, C. L. (1999): Orientierungswortschatz. Die wichtigsten Wörter und Regeln für die Rechtschreibung. Kl. 1-6. Überarb. 4. Aufl. Weinheim, Basel: Beltz.

Naumann, C. L. (2006): Rechtschreiberwerb. Die graphematischen Grundlagen und eine Modellierung bis zum Ende der Schulzeit. In: Weinhold, S. (Hrsg.): Schriftspracherwerb empirisch. Baltmannsweiler: Schneider Verlag Hohengehren, S. 45-86.

Naumann, C. L. (2008): Zur Rechtschreibkompetenz und ihrer Entwicklung. In: Bremerich-Vos, A.; Granzer, D.; Köller, O. (Hrsg.): Lernstandsbestimmung im Fach Deutsch. Weinheim, Basel: Beltz, S. 134-159.

Richter, S. (1994): Interessenbezogenes Rechtschreiblernen. Braunschweig.

Risel, H. (2008): Arbeitsbuch Rechtschreibdidaktik. Baltmannsweiler: Schneider Hohengehren.

Rockefeller, N. (1992): Don´t Accept Anyone´s Verdict That You are Lazy, Stupid, or Retarded. In: Huston, A. M.: Understanding Dyslexia. Lanham, S. 155 f. [zit. n. Naegele (2001), s. unter „Praktische Ratgeber"].

Scheerer-Neumann, G. (2000): Lese-Rechtschreib-Schwäche: Wo stehen wir heute? In: Thomé, G. (Hrsg.): Lese-Rechtschreib-Schwierigkeiten (LRS) und Legasthenie. Weinheim, Basel: Beltz, S. 22-39.
Schneider, W.; Stefanek, J. (2007): Entwicklung der Rechtschreibleistung vom frühen Schul- bis zum frühen Erwachsenenalter: Längsschnitt-Befunde der Münchner LOGIK-Studie. In: Zeitschrift für Pädagogische Psychologie 21 (2007), H. 1, S. 77-82.
Schneider, W.; Marx, H.; Hasselhorn, M. (2008)(Hrsg.): Diagnostik von Rechtschreibleistungen und -kompetenz. Göttingen: Hogrefe.
Schulte-Körne, G. (2001) (Hrsg. in Zusarb. m. d. Bundesverband Legasthenie): Legasthenie: erkennen, verstehen, fördern. 13. Fachkongress. Bochum: Winkler.
Schulte-Körne, G. (2003): Lerntherapeutisch begründete Therapieverfahren bei der Lese-Rechtschreib-Störung. In: Suchodoletz, W. v. (Hrsg.): Therapie der Lese-Rechtschreib-Störung (LRS). Stuttgart: Kohlhammer, S. 31-54.
Schulte-Körne, G. (2007) (Hrsg.): Legasthenie und Dyskalkulie (Hrsgg. in Zusarb. m. dem Bundesverband Legasthenie und Dyskalkulie e. V. Bochum: Winkler.
Schulte-Körne, G. (2009): Ratgeber Legasthenie. Frühzeitig erkennen. Richtig reagieren. Gezielt behandeln. München: Knaur.
Sellin, K. (2004): Wenn Kinder mit Legasthenie Fremdsprachen lernen. Mit zahlreichen Übungsvorschlägen. München: Reinhardt.
Suchodoletz, W. v. (2003): Ein Fazit. In: Suchodoletz, W. v. (Hrsg.): Therapie der Lese-Rechtschreib-Störung (LRS). Stuttgart: Kohlhammer, S. 257-273.
Suchodoletz, W. v. (2003) (Hrsg.): Therapie der Lese-Rechtschreib-Störung (LRS). Traditionelle und alternative Behandlungsmethoden im Überblick. Stuttgart: Kohlhammer.
Thomé, G. (1999): Orthographieerwerb. Qualitative Fehleranalysen zum Aufbau orthographischer Kompetenz. Frankfurt/M: u.a.: Lang.
Thomé, G. (2004) (Hrsg.): Lese-Rechtschreib-Schwierigkeiten (LRS) und Legasthenie. Weinheim, Basel: Beltz.
Thomé, G.; Thomé, D. (2004): OLFA (Oldenburger Fehleranalyse). Instrument und Handbuch zur Ermittlung der orthographischen Kompetenz aus freien Texten ab Klasse 3 und zur Qualitätssicherung von Fördermaßnahmen. Oldenburg: Institut für sprachliche Bildung Oldenburg (Bestellung über http://www.isb-oldenburg.de/produkte.htm).

Thomé, G.; Eichler, W. (2008): Rechtschreiben Deutsch. In: DESI-Konsortium (Hrsg.): Unterricht und Kompetenzerwerb in Deutsch und Englisch. Ergebnisse der DESI-Studie (Deutsch Englisch Schülerleistungen Intern.). Weinheim: Beltz Pädagogik, S. 104-111.

Thomé, D.; Thomé, G. (2009): OLFA 1-2: Oldenburger Fehleranalyse für die Klassen 1 und 2. Handbuch und Instrument (mit Kopiervorlagen). Oldenburg: Institut für sprachliche Bildung Oldenburg (Bestellung über http://www.isb-oldenburg.de/produkte.htm).

Thomé, G.; Thomé, D. (2009a): Zur individuellen Diagnostik in der Rechtschreibförderung: Das Konzept von OLFA. In: Valtin, R.; Hofmann, B. (Hrsg.): Kompetenzmodelle der Orthographie. Berlin: Deutsche Gesellschaft für Lesen und Schreiben, S. 189-198.

Treiman, R. (1993): Beginning to Spell. A Study of First-Grade Children. New York, Oxford: Oxford University Press.

Valtin, R. (2000) (Hrsg.): Rechtschreiben lernen in den Klassen 1-6. Frankfurt/ M.: Grundschulverband - Arbeitskreis Grundschule.

Valtin, R. u. a. (2003): Orthographische Kompetenzen von Schülerinnen und Schülern der vierten Klasse. In: Bos, W. u.a. (Hrsg.): Erste Ergebnisse aus IGLU. Münster u. a.: Waxmann, S. 227-264.

Valtin, R.; Wagner, C.; Schwippert, K. (2005): Schülerinnen und Schüler am Ende der vierten Klasse. In: Bos, W. u.a. (Hrsg.): IGLU. Vertiefende Analysen. Münster u. a.: Waxmann, S. 187-238.

Valtin, R.; Hofmann, B. (2009) (Hrsg.): Kompetenzmodelle der Orthographie. Empirische Befunde und förderdiagnostische Möglichkeiten. Berlin: Deutsche Gesellschaft für Lesen und Schreiben.

Weinhold, S. (2006) (Hrsg.): Schriftspracherwerb empirisch. Baltmannsweiler: Schneider Vlg. Hohengehren.

Willenberg, H. (2007) (Hrsg.): Kompetenzhandbuch für den Deutschunterricht. Baltmannsweiler: Schneider Verlag Hohengehren.

Register von A bis Z